# 本を出そう、本を出そう、出したらどうなった？

出版する人を応援したい
書籍編集者
城村典子

みらい PUBLISHING

# プロローグ

## あなたはチャンスに気づいていないだけ…かもしれない

本を出そうとしている人、どうぞ、前に進んでください。その行動が世界をよくするはずです。

本を出そうとしている人、どうぞ、ご自身が幸せになってください。そのために、ぜひ、ためらいをもたず「出版の神様」に応援されちゃってください。

この本は、そんなことを伝えたくて書いた本です。

これから本を書きたい人、現在、本を書いている人、すでに本を刊行してきた人に「本を出すことは、自分だけのためでなく、社会に役立つよいことだから、ぜひ、行動に移してください」ということを言いたいのです。

本を書くことは世の中の役に立つはずだと、なんとなく気づいているけれど、

「自分には本を書く資格や実力があるのか」

「本当に世の中の役に立つのか」

「ただ自分が出したいだけなんじゃないか」

「ビジネスで成功したいだけなんだけど、そんな目的でいいのか」

「社会の役に立ちたいけれど、本を書くのはハードルが高い」

などと思っている人に伝えたいのです。自分の動機を大切にしてと。


私は、これから本を書きたい人、現在、本を書いている人、すでに本を刊行してきた人が大好きです。

たぶん、日本で一番「本を出したい人」「本を出した人」のことが好きな編集者なんじゃないかと思います。

なんでこんなに好きになっちゃったんだろうと思います。

どうして「本を出す人」が好きなのかというと、「自分のことを表現してくれている」から。

さらに、名を名乗り、人に役に立つ形で著して、自分の才能を、社会につなげる努力をしている人だから。

これってすごいことじゃないですか！

この本の中では、「本を出したい人」「本を出した人」を「著者」と呼ばせてもらいますね。

私は、30年以上出版業界にいて、編集者として書籍を作ってきました。シリーズを立ち上げたり、編集長をやったり。独立してからも、出版社や事業部の設立をしました。

今、私が一番メインにしている仕事は、「出版したい」と思っている人、「出版を続けたい」と思っている著者に、「成功する出版の方法」を教えること、出版社につなげることです。

今まで2000人以上の人にセミナーやワークショップや一対一の形で、出版について、企画についてなどの講義をしてきました。また500人を超える著者の出版を実現してきました。大好きなことを仕事にさせてもらっています。

もしかしたら、この本を読んでくださっている人の中には、本を出版したい理由が、「本が好きだから」「憧れだった」とか「自分のビジネスを成功させるために本を出したい」と思っている人も多いかもしれません。

私は、そんな動機もすごくいいと思います。

大スターや、大御所の芸人も、最初の動機は、「モテたかったから」という話はよく聞きます。

動機はどんなものでもいい、自分がワクワクしたら、その直感で進むのが一番いいと思うのです。でも、「成功する出版をする」ためには、「自分を見つめ、社会に価値となる原稿を書き、その本を広める」ことが必要になります。

私は、この「自分を見つめ、社会に価値となる原稿を書き、その本を広める」ワークをやってもらうのが大好きなのです。なぜなら、このワークをすることで、人がどんどん進化しちゃうから。その進化を見るのが大好きなのです。

本当にすごいことなんです。長く編集者をしているので、「出版を目指してるんです」と、一生懸命勉強していた無名な人が、デビューして、何冊も本を出して、どんどん知名度も上がり、大先生になっていく姿をたくさん見ています。

多くの人が、これって、素質のある人の話でしょう？　とか、有名な人だからでしょう？と思いがちなのですが、そんなことだけでもないんですよ、これが。本当に、「いちサラリーマンです」とか、「いち看護師です」というような人が、学ぶことで、ワークすることで、体験することで、出版ができちゃうばかりでなく、活躍するようになるのです。それはなぜかというと、「自分を見つめ、社会に価値となる原稿を書き、その本を広める」からです。出版するから成功するのではなく、出版のために学び、思考し、行動し、経験するから成功するのです。この過程の中では、多くの人が葛藤を抱えます。苦悩もします。でもそれを乗り越えるから、成長する。もう、この姿が美しい。

先ほど、私は「日本で一番『著者』のことが好きな編集者」だと名乗りました。皆さんもご存知のように、ベストセラーを生む編集者、著名な編集者などと、名編集者は数多くいます。私などは、そちらの方面の優れた編集者ではないと思います。しかし、私以上に「本を出したい人」が好きで、それに加え、「本を出したい人が、どうしたら、成功する出版ができるか」を研究して、それを「著者」に実現してもらう取り組みに、こんなに変質的にこだわりをもっている編集者は見たことがないので、日本一だと書きました。

でも、こんな風に、本を出すと著者が「進化しますよ」とか「社会をよくしますよ」と言っても、「出版は遠い世界」と思っている人も多くいます。

「本を書く」ことが、どこか気になっている、あるいは実際「本は出した」が、このことは、どういう意味があるのか、と悩んでいる著者もいます。

私は、「間違いなく本を出すことは、社会をよくするための行動です」と伝えたいのです。「本を出すこと」は社会貢献です。

しかし、本を出すにはハードルがあることも事実です。

出版社が「この本を出したい」と決めなければ、本は出ません。

そのハードルだけではなく、本を書く人の側にも、3つの壁があると感じています。

「自分は、書ける人じゃない（資格や実力がない）」という思い込み
「実際に本を出す人になるための、方法や技術がわからない（わかりにくい）」

「本を出す活動を継続していくための指針（ロールモデル）がわからない」


なぜ、そうなるのか、その解決をどうしたらいいのか、私はずっと考えてきて、ひとつの気づきに至りました。


なぜ、そうなるのか。

自分も含め、世界を客観的に見るのが難しいからです。

本を書く人は、俯瞰《ふかん》的な視点・鳥の目で世界を見る人です。高い視点で、これからの時代がどうなるのか、その中で、自分のもっている才能をどう社会に還元するかを考えて、出版企画を考えます。すなわち、鳥の目をもつ人です。

一方、その分野の専門家で、虫の目をもっている人もいます。一般の人が知らない、そ

の分野の専門的な知識や経験をもち、実績を上げている人です。
魂は細部に宿ります。虫の目による研究は、人類の資産でもあります。しかし、それを人に伝え、「役に立つコンテンツ（概念）」にするには、「企画にする思考と、企画を表す表現技術」が必要になります。

本を書く人、本人は、その価値をもっているのに「役に立つコンテンツ（概念）」にしていないから、「価値がない」かのように扱われてしまう。それで「自分は、本を出す人ではないんじゃないか？」と思ってしまいます。

また、実際、本を出した人でも、その意義に気づいていない人が多くいます。私が出版後の状況を聞いて、整理し、分析して客観的に伝えることで、「出版が社会貢献になっている」ことに気づくこともあるのです。

著者自身のことも含めて、世界を鳥の目で見ることは難しい。

しかし、練習することで見えるようになります。

本を書く人になるということは、その練習をすることでもあります。

どんな練習をするのか。

私は、毎日その練習法を著者に伝えて、実践してもらうことを仕事にしています。著者のトレーナーみたいな仕事です。トレーニングメニューは山ほどあります。この本の中でもちょっとだけ内容をお伝えしているものもありますが、メインの内容ではありません。

それより、この本は「本を出す人」が、自分が著者として仕事をする「本の世界がどんなところなのかを知る」ことに力を入れました。


独立してから12年。私は悩んできました。

「どうしたら、本を書きたい人が気持ちよく出版を実現できるか」

自分の頭の中身の解像度を上げげて、技術を伝達してきました。ワークも作りましたし、大学の授業でも教えてきました。


その結果の今の結論はこうです。

「すべての人は、本を書ける素質をもっている」

「本を出すことは、著者も読者も幸せになる」

「本を出すには、越えなくてはいけないハードルはあるが、そのハードルを越える指針は『出版の神様を味方にすること』」

技術やテクニック、知識は、ただもっていても価値になりません。それより、「出版の神様に応援してもらっちゃおう」という指針をもつと、視野が広がり、知識が身につきます。

「私なんて、本を書ける素質がないから」とか「本を出したいけど、私なんて出せない」と言う人がいます。

また、企画書を書いて、編集者に見せたけれど「これは本にならない」と言われて、自分は本が出せない人だと諦めてしまった人もいます。

「本を出したけど、出版したけど、いいことがなかった」という著者も、少なからずいます。

そんな話を聞くと、「もったいない」と思います。本は「著者」がいないと、世に出ません。多くの人が、「出版社」や「編集者」に権限があって、「著者」は選ばれる側の人だと思っています。そういうものの見方もできます。出版社はメーカー的存在ですから、当然、商品を企画して、著者を選びます。でも、人類の資産としての「人のもつ知識や経験（など）」としてみたらどうでしょう？ 人の数だけ資産はあるのではありませんか？ 今、その人のもつ「知識や経験（など）」が本になっていないのは、本になるための、整理や、分析や、発想や、取り組みがなされてないだけです。

一人ひとりが内在させている資産が、もっと可視化される、社会に還元される形で、みんな本になったら素敵じゃないですか！ と私は、萌えるのです。

だから、もっと、本を出すことに積極的になってほしい。

本の出版を目指すワーク自体で、人は進化していく。プラス、人類の資産も増えていくわけです。

すべての人が本を出したらいいなんて言うと、出版業界の人からは、困惑されます。「そんなことを言うから、駄作が世に増えちゃう」とか、「わからんちんの素人著者が増えて困るなあ」とか思っている編集者もいるかもしれません。

今まで、いろいろな編集者に「すべての人が本を出したらいいと思っている」という話をしても、「微妙な表情」を浮かべるばかり。

でも、それもうなずける。そうなんです。編集者の仕事は大変です。そして、その中でも著者の対応はとっても大変なのです。

私は、出版社に勤めていた編集者時代に思っていました。「著者が、もうちょっと出版業界のことをわかっていてくれたら。もうちょっと、歩み寄ってくれたら」と。

著者も、手を抜きたいわけではありません。何に尽力すると効果的になるかを知らない人が多い。発想力もあり、文章力も表現力も素晴らしい著者はいます。こういう著者はスタート時点のレベルが高いから、編集者のやる仕事の効果がさらに出やすい。レベルの低い原稿は、マイナスをプラスにするのがやっとですが、レベルの高い原稿は、10を100にする仕事ができます。でも、最初からレベルが高いわけでもないし、高くなくてもいい。

抱っこしている小さい子どもが寝ると、重くなります。子どもが抱っこされようとしてくれると抱きやすくなりますが、寝ると意思がなくなり重い。そんな感じです。編集者も著者に協力する意思があるだけでもやりやすいし、著者も成果を上げやすいのです。

出版業界は、一般の人にはわからないことが多いです。著者がよかれと思ってやっていることが、編集者や出版社に迷惑になっていることもままあります。

著者の遠慮が無用だったり、編集者の誠意あるフィードバックに自分を否定されていると思ったり、本を売ろうと思って行動することが、かえって迷惑になっていたり…。著者に悪気はありません。でも、編集者に迷惑をかけることは、結果、出版業界での著者の評価が下がることになり、これは、著者にとっても不幸なこと。もったいない。

誰にでも、出版のチャンスはあります。でも、チャンスに気づいていない。才能や素質というのを、偏って見ているだけです。学び、思考し、行動し、経験することで、出版は可能になるのです。

「自分はできない」とあきらめたり、「誰かに引き上げてもらうのを待つ」のではなく、本を出すために、出版社や編集者を助けるという意識をもって、「自分のモチベーションや動機」を大事にして「自分が社会をよくしたい」という気持ちを大切にする。

幸せな出版をしている著者は、そんな風に行動をしています。

この本は、「本を出すことがどうして社会貢献になるのか」「自分も読者も幸せになるコツとして、出版の神様に応援してもらう（出版業界・本の世界のことをちょっとわかっておく）」を知ってもらえたらと思って、書きました。

読んでくださった方に、「本を出版してみたい」「本の出版を続けたい」と、少しでも思っていただけたら幸いです。

もくじ

## 出版界の人たちに興味をもとう

## 本を出そう、時代を創ろう

見たい未来を、
言葉にしよう

## 出版すると自己実現できる？

私は、「すべての人が本を書いて出版するとよいのに」と思っています。なぜなら、自己実現を果たそうとする時に、本を書いて出版する一連の体験が、その階段になっているからです。

でも、どうして本を出すと自己実現ができるのでしょうか？　その仕組みが見えにくいと思うので、順を追ってお伝えしたいと思います。

「本を書く」というのは、自分のもっている経験・ノウハウ・知見・価値観（思想）・ビジョン（理想）をわかりやすくまとめて、（人が読んでためになる）原稿――文字や図・絵・写真――にして表現することです。

「人が読んでためになる」というのは、役立つ、知る、面白い、感動する…など、いろいろな種類があります。

「出版する」とは、作った原稿を出版社と組んで流通させることです。別の言い方をすると、商品になる本を出版社と一緒に作って市場に流通させ、読者に買ってもらうことです。
つまり、「本を書く」「出版する」とは、読者（社会）のためになる本を制作して、売るということです。ちなみに出版社は、読者が本を買ってくれることで収益を上げて、会社活動をしています。

なぜ私が「すべての人が本を書いて出版するとよい」と思っているか。それは、人がもっている経験・ノウハウ・知見・価値観（思想）・ビジョン（理想）は、その人の中にあるだけでは、「価値」になりにくいからです。

例えば、「人の気持ちがよくわかる人」「暗算が超得意な人」「並外れて負けず嫌いな人」は、ただそこにいるだけでは社会的価値を生み出せません。それどころか場違いなところにいると、その才能を発揮するどころか、周囲への迷惑をもたらすことも。

「人の気持ちがよくわかる人」はカウンセラーや相談員などに向いているかもしれませんが、工事現場や漁業の仕事でリーダーシップをとるような仕事は向いていないとか。「暗算が超得意な人」「並外れて負けず嫌いな人」も同様に、それぞれ才能を発揮する場所がありそうです。

このように、個人の才能はひとりで活動する時にも役立つものの、仕事のような社会環境の場と才能の活用によって、その才能の価値が変わります。

この段階でも、その人個人の才能がすでに社会の価値になっていますが、その才能を本にまとめて読者の価値になる原稿にすると、もっと多くの人の役に立ちますし、本人も自分の才能の価値にさらに気づくことができます。

自分のもっている才能や個性を、「読者のためになる本」というフォーマットにすることによって、「読者のためになる本」ができるだけでなく、著者自身が自分の才能や価値に気づき、それを社会に還元できる実感を得られます。この効果が大きいのです。

## 成功している著者の共通点

私は、多くの新人著者のデビューに携わり、多くの成功を見てきました。

本を出すたびに自社の事業規模を大きくして会社を発展させている人。

本を出すことで知名度が上がって取材依頼が続出し、認知度が上がった人。

個人事業主として独立し、本を出すことで集客ができ、事業を軌道に乗せた人。

競争の激しい業界で頭ひとつ抜け出して、新しい人脈の中で新規事業を展開する人。

社員のモチベーションを高めるために社内プロジェクトで本を出版して、離職率の低下、採用の効果、アライアンス事業の成功などを成し遂げている社長。

これ以外にも、刊行を機に人生を変えた著者の話を書き出したら、それだけで一冊分になるほどです。

この著者たちは、出版という大切なイベントに向き合うにあたって、これまでに自分が何を成し遂げ、本を出すことでどういう自己実現をしたいかを真剣に考えました。

まず、自分はどういう才能や個性をもっていて、それを読者に提供できるかを考えました。そして、どうやったらその価値を読者に面白く伝えられるかを、「出版企画書」の形に著します。

次にその「出版企画書」を元に出版社の編集者とディスカッションをし、双方が納得して出版事業を進められるかを確かめ合いました。

その後、出版社の条件が揃ったところで、著者もこの出版社で本を出すことがベストかを真剣に考え、出版社のオファーを受け入れました。

出版が決まったら、編集者とディスカッションをして作業を進め、意見を交換して本の刊行をしました。「刊行」という著者のスタートを切った後には、その本の伝道師として、さまざまな活動をして本を広め、伝え続けています。

このように「本を書く（著者になる）」「出版する」ことを他人任せにせず、著者としての自分の仕事ととらえて主体的に取り組み、出版社の協力を得て、編集者を助けたから、自己実現ができたのです。

## 出版を通じて何をしたいの？

成功する著者は、自分を語る言葉をたくさんもっています。それは本の原稿を書く際の語彙力が豊富ということだけではなく、自分が出版に立ち向かうにあたっての関係性を示す言葉です。

例えば、自分は出版というイベントを通じてどういう自己実現をしたいのか、自分の個性・才能は何かなど、自分と向き合い、自分がどうしたいかを思考し、言語化しています。

頭でぐるぐる考えているだけではなく、言語化してみることはとても大切です。言語化することでその思いはより明確に、より強くなるからです。

「出版で自己実現する」

そんな話をすると、多くの人は「本が出たから自己実現できたんでしょ」と思いがちです。「本を出したい」と言う人たちと話していると、多くの人が「白馬に乗った王子様（編集者）がやってきて私をスカウトし、シンデレラストーリーに乗せてくれる」とイメージしがちだと感じます。ある日、編集者から連絡があり、「本を書いてください」と依頼され、なんにもわからない自分を丁寧に導いてくれて本ができあがり、書店に並ぶ。そうこうするうちに取材依頼が引きも切らず来るようになって、あれよあれよという間にベストセラーになる…そんなストーリー。

でも、現実社会に白馬に乗った王子様はいません。成功のイメージは大事ですが、そこにたどりつけるのは、著者自身が行動をしたから。

私は独立以来、数多くの方たちから悩み、相談を受けてきました。そんな中で多いのが、「出版社からの依頼を受けて本を書いたのに、嫌な思いをした」「本を出したけれど何も起こらなかった」「むしろマイナスブランディングになった」というものです。

これは、著者としての主体性ではなく、出版社のオーダーに応える書き手になってしまって、極端にいうと「下請け仕事」として原稿を書いたという原因も大きいと思っています。

もちろん、その仕事のスタイルで本を書きたい人もいるでしょうし、それが満足であれば問題はありません。

多くの人は「だって自分は出版のことはわからない素人だから、プロの編集者が導いてくれるのであれば、それに乗った方がいいじゃないか」と思いがちです。

はたしてそうでしょうか？

## まず「出版の仕組み」を知ろう

ここで少し、出版のビジネスモデルについてお話しします。

一般的に「出版」には、「商業出版」と「自費出版」があります（厳密にいえば、もっと複雑ですが、ここでは話をシンプルにするため、二つに分けました）。この二種類の形態を説明するとわかりやすいので、ここで触れておきます。

この本の中で「本を書く」とか「出版」と言っているのは、「商業出版」のモデルのことを指しています。

「商業出版」とは、書店に並んでいる一般的な本のことをいいます。商品を売って利益を上げる、いわゆるメーカーのビジネスモデルの本です。出版社は商品（本）が売れないと存続できないので、売るための努力をします。本を売る努力とは、読者が喜ぶ本、読者が買ってくれる本を作るということです。

一方、「自費出版」とは、本を出したい人が出版社に自費で制作を発注し、作ってもらう本のこと。発注を受けた出版社は、クライアント（本を出したい人）の満足のいく本を作るのが仕事になります。

それぞれの出版スタイルにメリット・デメリットはありますので、どちらがよいとか、悪いとかではありません。まず、そのビジネスモデルを理解することが必要です。


この本で商業出版の話をしているのは、商業出版の方が著者の自己実現を達成しやすいからです。その理由は、商業出版の方が自費出版に比べて社会性が高いことに尽きます。自費出版で自己実現をする方法は、さらに高度で複雑なので、この本では商業出版モデルに集中して伝えます。

「本を売らなくてはいけない」ということは、すなわち「読者に支持されなくてはいけない」ということです。つまり、「読者に喜ばれる本を作らなくてはいけない」のです。

出版社は本を売らなくては事業が継続しませんから、著者に執筆を依頼し、印税や原稿料という対価を払って原稿を書いてもらい、それを本という形にして流通に乗せ、売ります。著者にしてみれば、出版社が自分に投資してくれる、ということです。

ところがここがミソで、「商業出版は出版社が出資者なのだから、出資者の言うことを聞くのが礼儀でしょう。自分はまだ本を出したこともない新人（あるいはひよっこ）なんだから、出版社に意見を言うなんてとんでもない」と思ってしまう人がいるようです。また、「『出版』という公器を使って自己実現したいなどと言うのはエゴなんじゃないか」と思ってしまう人もいます。

そこが違うのです。

「私は新人だから」「自分はまだまだひよっこだから」と甘えてはいけません。ひとたび出版社から書籍の執筆依頼を受けたからには、初めての本であっても、あなたはもうプロの著者扱いです。プロの著者として出版社の言いなりになるのではなく、出版社や編集者を応援し、貢献する人になることが必要なのです。

「著者として貢献する」とは、自分を犠牲にすることではありません。読者に喜んでもらうことで自己実現ができるプラン（出版企画書）を立てることです。社会貢献が伴わない自己実現は成就しません。ですから、自己実現から考えていくと、どういう社会貢献が必要かが見えてきます。

出版社、編集者を応援できる著者になる。出版を通じて自己実現できるプランを描く。

これが成功する出版の秘訣なのですが、はたしてそんなことができるのだろうか？　と思うかもしれません。

これができるのです。

私はすでに何百人もの著者に実現してもらってきています。

出版で自己実現した人たちと、出版をしてかえって嫌な思いをしてしまった人との違いは、「出版する」「著者になる」ことに対して、「主体となり、出版社や読者や社会に貢献しようとして動いたか」「待ちの姿勢で、出版社の依頼に応じて仕事をこなそうとしたか」の違いです。

本の最後に「奥付」というページがあるのをご存じかと思います。ここにはその本に対する責任を明確にするために重要なことが書かれています。「発行者」として出版社名が、「著者」として著者の名前が載ります。この本に対する責任と権利の所在を明らかにしているのです。

出版契約書にも同様に、著者が「著作権者」であることが明記されています（出版契約書については136ページ参照）。これは著者が、「この本に書かれていることに対する全責任をもちます」と宣言するもの。すなわち著者が肝を据えた証しなのです。出版とはそのように大切なイベントなのです。

このように、出版で自己実現している著者たちは、「出版したから自己実現ができた」のではなくて、「出版のために活動をしたから自己実現ができた」のです。

## すべての人が出版できる理由

私は常々、「すべての人が本を書くとよい」と思っていることはお話ししました。

そんなことを言うと、出版業界の人たちはあまりいい顔をしないことは、先にも書きました。私は長く出版業界のはしっこで仕事をしていますが、それこそ以前は本当に嫌な顔をされました。しかし、最近は出版業界の人たちの中にも、この意見に耳を貸してくれる人が増えてきています。ここでは、そんな背景をお話ししていきます。

「『すべての人が本を書くとよい』と言うけれど、そんな才能がないから本を書いていないんだ。出版できる才能があったらとっくに編集者から依頼があって書いているはずじゃないか」なんて声が聞こえてきそうです。

いや、そんなことないんです。そこは断言したい。

「すべての人に本を書く才能はある。ただ、それに気づいていないだけ」と。

多くの人は「声がかからないから本が書けない」と思っていますが、そうではありません。あなたが自らの才能を磨いて、見えるようにしていないから声がかからないのです。


なぜ「すべての人が本を書ける」と言えるのか。その根拠は三つあります。

一つ目は、本を書くことは、もともとプロだけのものではないから。

二つ目は、私はこれまで数多くの著名人ではない方のデビューを手がけてきたから。

三つ目は、読者も出版社も、新しい著者を求めているから。


順番に説明していきます。

まず一つ目。

本は、知の集合です。国会図書館には、あらゆる分野の本があります。その中で、小説や絵本などの作品を創作している人は、ある種、「本を書くプロ」です。一方、専門書、実用書、ビジネス書、健康書など、本タイトル全体のシェアで言えば90％以上の本の著者が、「本を書くプロ」ではなく、それぞれ別の専門分野をもっている人です。

世の中にある商品のほとんど——例えば洋服でも食品でも雑貨でも——は、その商品を製造するメーカーがプロに発注して作りますが、出版業界は、もともと「本を書くプロ」ではない人にも依頼して原稿を書いてもらうという特殊なビジネスモデルなのです。


次に二つ目の理由。

私は、「本を出したいけど、何から始めていいかわからない」と言っている多くの方々に、「著者になる」技術や意識のトレーニングをして、デビューをしてもらっています。私は、この人たちが特殊な能力をもっていたから本が出せたとは思ってはいません。実直に出版業界の知識を得て思考を整理し、企画を磨き（面白い本のアイデアを考え）、行動をしたから出版ができたのだと思っています。

読者が喜んでくれる本を出版するのは、簡単なことではありません。ハードルも高い。でも、そのハードルを超えるのに必要なのは特殊な能力ではなく、実直に学び、思考し、行動することだけです。


三つ目の理由については、こんなシーンをイメージしてもらうとよいかもしれません。

「本を書くんだ」という話を人にすると、

「よ！　印税生活ですか？」

と、からかわれるような時代がかつてはありました。

今でもあるかもしれません。

でも、今の状況では、本の印税で稼ぐよりほかのビジネスをした方がよっぽど稼げる時代です。

もともと本が売れるかどうかは、出してみなくてはわからない。出版事業はそういうモデルです。さらに「本を出せば印税生活」というのは、過去はともあれ現在では幻であると言っても過言ではありません。

本が昔のように売れなくなっているのはご存じだと思います。かつてベストセラーといえば10万部単位でしたが、今では3万部でもベストセラーだとカウントする感覚です。１９９６年に2兆6千億円だった業界規模の出版業界は、２０１８年には1兆2千億円にまで縮小しました。

その主な理由は、本以外のメディアから充分情報を取ることができるようになったから、といえるでしょう。

本以外のメディアの圧倒的シェアはインターネット。ネットの発達で、さまざまな表現者が誕生しています。

かつては、楽曲やデザイン、作画など、材料や環境が揃わなければできなかったような表現活動が、ソフトやツールの進化で幼児や小学生でも創作ができるようになりました。しかもそれをSNSで発信し、世界中の人に届けるチャンスもあります。

情報を受信するユーザー側も、これまでは自分の好みやシーンのディテールに関係なく画一化された情報を受け取ることしかできませんでしたが、今は自分の好みの表現者を見つけて、その人のフォロワーになり、とことん追い求めることができます。つまり受信者(視聴者・読者)の多様性の広がりとともに新しいコンテンツや価値が今まで以上に求められ、好きなものを好きな時に好きなだけ楽しみたいというニーズは尽きることがありません。

これだけ情報があふれているのならば、もはや本の果たす役割はないと言う人もいますが、むしろ逆。これだけ情報があふれているからこそ、「本としてまとまっている」「本としてわかりやすくなっている」という価値が求められている。「本である必然性の強い本」が求められているのです。つまり、メディアの中での本の位置づけが以前とは変わってきている（本が、よい本である必然性を求められている）のです。

これが出版の現場における私の感覚です。

## 変容しつつある編集者の仕事

ベストセラーの単位が小さくなっていたり、業界規模が小さくなっていたりすることは、編集者が忙しくなっているということにもつながります。

出版社も営利企業ですから、売上げを上げないことには存続できません。その指標のひとつに「生産高」があります。

これは「定価いくらの本を何冊配本できたか」というものです。単価×個数というのは、売上げの基本ですね。

編集者には、この生産高というノルマがあります（出版社によっては、そういうマネジメントをしていないところもあるかもしれませんが）。

一冊の本を作る編集者の工数は、5000部の本であろうと、1万部の本であろうと大きく変わりません。

先ほどベストセラーの単位が変わったとお伝えしましたが、現場では「以前はこのような本なら1万部配本できていたが、今は5000部だ」などという会話が日常茶飯事で交わされます。すなわち、昔は1タイトルの本を刊行すればノルマを達成したのに、今は2

タイトル刊行させせないとノルマが達成できない、というのが日常なのです。しかも、多様性の時代である昨今、多様なコンテンツが求められています。さらに、先ほどもお伝えしたように、情報だけの本ではなく、「面白い編集をしている本」が求められています。

ここで、「面白い編集をしている本」が求められていることについてもう少し解説しておきましょう。これは、本の編集が昔――私が業界に入った30数年前――と今とではかなり変わってきているということに起因します。

その頃はインターネットがありませんでしたから、情報を入手する手段は限られていました。そのため本の果たす役割も大きかったのです。

昔の本は字が小さくて行と行の間も狭く、1ページにぎっしり活字が詰まっているのが普通でした。しかも、タイトルなども教科書の見出しのようにいかめしく、「面白くわかりやすく読ませる」工夫をするというより、「正確な情報を盛り込む」といった編集方法が多かったのです。

実際、かつて編集者であった高齢の方に、今どきの編集をしてもらおうと思ったら、まったく話が通じませんでした。今どきの編集とは、「明確なコンセプトや切り口」「読者対象に合ったエピソードや語り口」「ストーリー化された文脈」などの特徴があります。

このような編集をするようになってきたのは、そうでもしないと読者に読んでもらえないからです。この傾向はこれからも変わりませんから、編集者は、どんどん今どきの編集をすることになるでしょう。

## 新人著者のハードルは高い？

話を元に戻します。

このような理由から、読者も出版業界も著者を求めています。

しかし、この本を読んでいる皆さんもあまりそういう情報は耳にしないのではないでしょうか？

なぜでしょう。

これは自説ですが、「素人の著者は厄介」だからです。

出版社に入社した編集者はさまざまな訓練を受けます。

新人の編集者は交渉が未熟であることが多いため、「著者の言いなりになる」ことがよくあります。編集者は、自らの「軸」をもって著者をリードしなければ、よい本は作れません。しかし、未熟なゆえに著者の言いなりになって軸がぶれてしまうこともあり、その結果、上司から叱られます。また、著者の書いた原稿に迎合してしまい、読者目線になっていないまま制作してしまうようなシーンもあります。ここで「著者の言いたいことは、読者の知りたいことじゃない！」と叱られる経験をして成長します。

そんな風に訓練を受けた編集者は、だんだん著者扱いが上手になります。「扱いが上手」と言うと人聞きが悪いかもしれません。でも、上手にならなければ、よい本はできません。それほど著者に仕事をしてもらうのは大変なことなのです（もちろんスムーズに本ができる著者の方も多くいます）。

ベストセラーをたくさん輩出している編集者の中には、「新人狙い」の編集者も少なくありません。まだ社会が見つけていない原石を発掘する喜びがあるのでしょう。彼らは自ら著者を見つけに行きますが、一方で、売り込みにくる著者に対しては、警戒する編集者が多い。セールスや恋と似ていますね。「自分が発見した」「自分が見つけた」方がモチベーションが上がります。

実際、私も出版社に勤める編集者として多くの著者と本を出してきましたが、素人の著者と本を完成させるのは、ものすごく厄介なのです。だから、多くの編集者が持ち込みの素人の著者を敬遠する気持ちはすごくわかります。自分が苦労してでも出したいと思う著者の本しか手がけたくないのです。

その反面、出版社に勤める編集者だった当時の私は、本を出したいと思っている人たちが潜在的に多くいることも感じていました。

かつて出版社でビジネス書のシリーズを立ち上げる機会があったのですが、その際に、多くの著者と出会いました。「社会にはこんなにも面白い人があふれている」と感激しましたし、こんなに多くの人たちが本を出したいと思っていることも知りました。そして、「本を出したい」と思っていても、多くの人が出版に至っていないことにも気づきました。

私は、これは人類の資産の損失だと思ったのです。

読者は面白い本を求めている。編集者は新しい著者を求めている。本を出したい人（著者になりたい人）がいる。

この三者の望みが円滑に叶えば全員がハッピーではないか、と。

## 「編集者を助ける著者」に道は拓ける

そこで私は独立した時、「この厄介（こんな言い方してすみません！）な素人著者たちは、厄介をかけたいと思っているわけではなく、どうしていいかわからなくて厄介な著者になってしまっている。本当は彼らも編集者と一緒によい本を作りたい、読者に喜んでもらいたいと思っているけど、その知識や技術がないからこんな状態になっている。ならば私は、著者の人たちに対してそれを伝える人になろう」と思ったのです。

これは、編集者時代に著者に苦労した際、誰か私の代わりに著者たちに伝えてくれる人がいたら助かるのに…と思った経験も影響しています。別の角度で言うと、私は出版社の編集者に無駄な仕事をしてもらいたくないのです。

例えば、著者が提出した原稿の完成度が高ければ、出版社の編集者はそこから仕事をスタートできます。ところが、著者の原稿の完成度が低いとします。誤字脱字が多かったり、フォーマットが揃っていなかったりなど、原稿の低レベルな手直しを出版社の編集者にさせることになります。これは著者にも損です。著者からすると、自分のミステイクをカバーしてもらえて楽ちんだと思うかもしれませんが、編集者の能力をつまらないテキスト整理に使ってしまうのは、もったいないことです。

また、出版業界のビジネスモデルや慣習、流通の決まりごとなど、著者の知っておくべき最低限のことを知らないがゆえに編集者不信になったり、編集者が無駄な説明をしなければならなかったりするのももったいない。原稿のフィードバックで手直しされて落ち込んだり、怒ったりするのも意味がないのです（誰もが通る道ですが）。著者と編集者には、もっと高いレベルのクリエイティブの話をしてほしいのです。

「出版は『自己実現ツール』だ」とか、「誰でも出版はできる」と言っているのに、厳しいことばかり言うなあ」と思われるかもしれません。

私は、一挙に出版業界のことを知ってほしいとか、著者の技術・レベルを上げることがマストだと思っているわけではありません。ただ、これを知っているかいないかが大きいのです。

もともと編集者は、プロでない著者と本を作る覚悟が充分にあります。でも、そこでおんぶに抱っこをあえてするのか、読者に届けるために、編集者や出版社を助けようとする気持ちをもつかで著者の成果が変わります。「本を出したい」という思いのスタートは、人それぞれかもしれません。でも、「本を出す」ことで「よい結果」をもたらすためには、「よいクリエイティブ（企画・編集・制作）」が必要です。

「親を喜ばせたい」「ビジネスの集客に役立たせたい」「採用に効果を上げたい」という動機であっても、目的に沿った、企画・編集・制作を実施しないと、目的の効果が低くなります。

企画の中には、販売企画も含まれています。そのクリエイティブは、発想力も含まれます。編集者のフィードバックを受けた著者の返答が、「できない、わからない」という言葉なのか（もちろん問題解決のために発言されることもあると思いますが）、「こんな風にしました、こう発想しました」とか「こんな協力ができます」「こんなアイデアどうですか」というクリエイティブに貢献する発言なのかで、編集者の意欲や発想が変わってきます。

何度も言うように、プロの編集者並みの知識やノウハウや技術は必要ありません。ただ抱っこされているのか、眠って抱っこされているかの違い。さらには、抱っこされているのに暴れちゃったら、編集者は、ちっとも前に進めない。

私は、出版したいと少しでも思っているなら、今すぐトレーニングをスタートすることをお奨めします。なぜなら、そう行動しているうちに編集者から声がかかることもあるからです。そのチャンスをものにできるかどうかは、準備ができているかいないか、腹が据わっているかいないかです。出版に向けて準備をすることには何のリスクもありません。

著者が主体的に動くことが重要なのです。

## 実現したい未来を言語化する

「出版はしてみたいんだけど、何から始めたらいいかわからない」という人は、とても多くいます。

だから、この本を読んでくださっているあなたが、「何からしたらいいの?」と思っていたとしても、まったく心配する必要はありません。

出版するために、まずすること。

私のお奨めする最初の手順は、「自分の目的(出版を通じて実現したいこと)」を明確にすることです。つまり、「自分が実現したい『未来』は何か?」「出版をした後、どういう自分の状態になっていたら満足か」を問うのです。

いきなりこれを問われると戸惑う人もいます。

これは、どんな自分本位なことでもかまいません。極端なことを言うと、「(本が刊行されたことで)結婚相手が見つかる」とか「自分の会社の売上げがどんどん上がる」とか。

明確に言語化してみるのです。それができたら、いったんこの目的は自分の心の中に留めておきましょう（城村と一緒に出版を目指している人は、城村には話してもらって一緒に作戦を練っています）。プロの著者は、出版社の編集者の前では、読者にどうやって届けるかの作戦を話すのが仕事です。自身の自己実現は二の次です。だから、先に、自分の思いを整理しておくのです。

前にも書きましたが、出版は公器――パブリックなものです。そこに貢献できる自分に整えるためには、まずは、自分を知るところから始めなければなりません。そのための言語化です。

そうやって、自分の出版の目的（実現したいこと）を考え始めると、基準（制約条件）が見えてきて、だんだん考えやすくなってきます。

## 「出版企画書」は成功への道しるべ

出版を目指す際には「出版企画書」という、出版イベントの事業計画書（設計図であり戦略書）のフォーマットを使って考えを整理していきます。

この出版企画書に、自分の才能が価値化された本の内容、なぜこの本を刊行したいと思ったかの経緯がわかるプロフィール、本が刊行された後にどんな行動をするのかの計画なども表現していきます。要するに、出版を通じて自己実現をする「絵（計画）」を書くのです。

この出版企画書は、編集者とコミュニケーションをする際の「言語」でもあります。編集者とは出版企画書を通じて意思疎通をしますので、これはとても大事なものです。

著者と編集者が双方で未来を思い描く際、そこにズレがあれば不幸につながります。著者と編集者が描く共通の未来、その未来の描き方、こだわりなども企画書の中に表現されています。

書籍の刊行が決まれば、著者はその出版企画書通りに原稿を書くと約束したことになりますので、その通りにアウトプットするのが著者の仕事です。原稿を見た編集者に「この原稿ではよくない」とか「もっとこういう表現をした方がよい」などと指摘が入るのは、出版企画書（設計図）に基づいて「設計図通り（狙い通り）に書けていないよね、ズレてるよ」ということです。家作りを例にあげると、家を建ててリビングにカーテンをつけましょう、という時、この家は和風のコンセプトだから、カーテンは落ち着いた色合いの織物柄の生地がいいとか、モダンなコンセプトなら、カーテンではなくブラインドにしよう、とかを考えることです。

このコミュニケーションを理解していないと、著者は単にダメ出しされたと受け取り、その真意を測れなかったり、自分を否定されているように感じてしまったりすることもあるわけです。

**【企画書の項目例】**

・タイトル
・著者名／肩書
・帯文イメージ
・概要
・企画意図・背景
・読者ターゲット
・プロフィール
・著者HP／SNS URL
・構成案
・類書
・類書との差別化
・本を広めるためのプラン

家が設計図通りに作られるように、出版企画書通りに
原稿を書くのが著者の仕事です。

## 自分の視点から「今の時代」を語れ

私は、「出版したいな」と思ったら、今すぐに出版に向かうと決めていなくても、「出版するとしたらどんな企画書になるか」を書き出してみるとよいと思っています。

なぜなら、行動を起こすことでどんどんイメージが明確になり、実現へのスピードが上がるから。未来への不安が軽減して、自ら未来を創造する人になっていけるからです。

出版企画書を書いてみようとすると、「今はどういう時代か」を言語化（概念化）することも必要になります。

私の視点から語ると、例えばこんな感じです。

「昨今、時代の移り変わりがどんどん早くなっていると感じます。例えば本のタイトルの変遷を見てもそれがわかります。数年前には、『10年後に成功する人、失敗する人〜』のようなタイトルで未来予測を10年単位でする傾向がありましたが、今は『5年後』。タイトルでいうと『5年後に成功する人、失敗する人〜』のように変わってきています。つまり、5年後の未来ですら予測不能の感覚があるのです」

このように、それぞれ自分の視点（立ち位置）から今の時代の状況を語れるような練習をします。

例えば､社会保険労務士のある方は「ハラスメントリスクを恐れて､職場のコミュニケーション不全が深刻。気軽に話ができないことにより業務ミスが増える。チームビルドができない。そんな時代になっている」と書きました。

この内容に正解はありません。自分の感覚で語ることでその著者のオリジナリティが出ます。

「難しいな……」と思う人は、刊行されている本の傾向などを調べてみるとよいでしょう。そこからも時代の流れが見えてきます。ネット書店で検索すればキーワードで本のラインナップがわかりますし、発行年月日もわかりますから、時代の流れの変遷とタイトルで時代が読めるでしょう。

そんな風に、自分が察知する時代の背景とともに本のラインナップを調べていると、読者の関心がどこにあるかが見えてきます。編集者たちが、読者の関心がここにあるだろうと狙ってつけたタイトルがそこにあるからです。

本の企画を考える時にはこんな風にアンテナを張り巡らして、「読者の心理（関心）がどんなところにあるのか」をキャッチします。

さらに、本のタイトルをウオッチしていくと、読者の心理を知っているだけでは足りないことがわかります。

読者がモヤモヤしていることに「その答えはこういうことだよ！」と、ほどよい加減の解答、1・5歩先の未来の解答を示す本が売れるという法則があるのです。

これは、バスケットボールのパスのようなものです。

読者（選手）の何歩も先にパスを出してしまうと、「なんのこと？　ちょっとピンとこない」と思ってしまいますし、逆に狙い撃ちしすぎてしまうと「そんなことは知っている。わざわざ本を買わなくてもいい」となります。また、読者に「自分が見つけた」感をもってもらうことも大事。この絶妙なタイミング・仕掛けが重要なのです。

『「育ちがいい人」だけが知っていること』（諏内えみ／ダイヤモンド社）というタイトル。全部を語りません。育ちがいい人だけが、何を知っているか、読者に想像させます。『今すぐ妻を社長にしなさい』（坂下仁／サンマーク出版）。カバーにある「サラリーマンでもできる魔法の資産形成術」という言葉と連動させ、「この手があったか！」に結びつきます。

いずれも大ヒットの案件ですが、タイトルがよかったから売れたという話ではありません。しっかりとしたコンセプトがあり、企画を練り上げたからよいタイトルになり、中身がよいから結果が出たのです。こんな風に、読者に「気づかせる」ことが大事です

出版業界では、「雑誌は時代を追い、書籍は時代を作る」と言います。

例えば『新・片づけ術「断捨離」』（やましたひでこ／マガジンハウス）という本は、2009年の刊行後、「断捨離」という耳慣れない言葉を一般用語と言ってよいほどまで知られるようにし、新しい概念を作りました。

また、トマ・ピケティの名前は、経済研究者でなくても広くビジネスパーソンに知られています。これも「資本主義って民主主義と並んで近代的な平等思想の経済モデルだと思っていたけど、なんかおかしいよね」と思っている人に「『資本主義の構造矛盾』を伝える本」みたいな長々しい説明をするのではなく、『21世紀の資本』（トマ・ピケティ／みすず書房）と銘打つことによって「『ピケティ』といえば『21世紀の資本』だよね」と頭に浮かぶほど認知され、広まっていった現象だと思います。

## オリジナリティは「類書調査」から

本を企画する際には類書を徹底的に調べます。類書調査とは、競合調査です。この企画の市場はどこにあるのか、その市場規模がどのような状態か。その市場の中でどう差別化をするかについて分析し、考察して本は刊行されます。

編集者は編集者でこの研究をするわけですが、著者も類書調査をしない手はありません。自分でも調査をして企画書を作り、さらに出版社でも差別化を行えば、その本が刊行された際には、そのジャンル、その業界での最新の情報・知見が網羅されている状態になれるわけです。

これはすなわち、その本を書いた著者はオピニオンリーダーであるということです。つまり、あらゆる人にオピニオンリーダーになれる可能性があるわけです。著者になったからオピニオンリーダーになるのではなくて、「本を出版する」作業を通してオピニオンリーダーになるのです。

ビル・ゲイツも、スティーブ・ジョブズも、孫正義も、最初から成功が保証されている状況で事業を始めたわけではありません。活動を続けたから大成したのです。

「とはいえ、私が未来を宣言していいの？」

そう迷う人もいるかもしれません。もし今、あなたにそんな自信がないのであれば、その確証を高める作業をしていきましょう。

自信は最初からあるわけではありません。直感で信じた仮説に対して、いろいろな分析や観察をして論拠を固めていきます。そのリサーチの際に発見があったり、または、修正が必要だという気づきもあったりするでしょう。この行動を続けるから、著者の論に説得力が増すのです。

未来はこうやって創造されていくのだと、私は多くの著者を見て思います。なぜなら、実際にそのように時代が流れていくからです。

## ベストセラーの流れに時代を見る

出版業界の過去のベストセラーというフィルターから時代の流れを追ってみると、不安を抱えながら生きている人がいかに多いかを感じます。

5〜6年ほど前のことです。ある大手ビジネス書出版社の編集長が、こんなことを言っていました。

「昔と違ってビジネス書の要素に自己啓発的なものがなければ売れない時代になってきた」

そう。「単なる方法」や「単なる技術」を示すだけでは本が売れなくなってきていると感じます。

例えば、『人生がときめく片づけの魔法』（近藤麻理恵／サンマーク出版）『心も体ももっと、ととのう 薬膳の食卓365日――季節によりそい おだやかに楽しむ食』（川手鮎子／自由国民社）という名タイトルの本がヒットするように、本は技術や知識などが書いてあればいいのではなく、それが「どういう理想の状態を作るのか」という展望を予感させる概念（コンセプト）になっているかが必要になってきています。

前項で、オピニオンリーダーになることについて話しましたが、コンセプトとは、その意見も包括する概念です。

かつて物資が不足した時代には、「もったいない」「大事にしなきゃ」という思想があり、物が捨てられませんでした。ところが時を経て物があふれている状態の昨今、本当に物を大事にできているのだろうか？　物があふれる時代に物を大事にするには、「大切な物をより大事にする」ために捨てることが必要になる、というような感じです。

この論調を組み立てるには、自分なりのストーリーと大義名分があると便利です。

## 企画には「大義名分」が必要

私が幼稚園児だった時のことです。英会話を習うことになりました。その頃、私は自転車を買ってもらったばかりだったので、その英会話教室にも自転車で行きたいと思いました。ところが、その英会話教室では自転車通学は禁止でしたので、歩いて通い始めます。しかし、自転車で行きたい私は、ある日親と英会話教室の先生にこんなことを言います。「知らないおじさんに声をかけられて怖い思いをした。自転車で行き帰りをした方が安全だと思う」と。つまり自転車を使うための「大義名分」を作り出したのです。

私の希望はかない、自転車で英会話教室へ行き来してもいいことになりました。今思えば、親も先生も私の答弁を完全に信じた訳ではなかったでしょう。自転車に乗っていたからといって、子どもが大人に声をかけられるリスクが減る論拠にはなりません。でも、そこまで言うならば、と許可が出たのが実際のところなのだと思います。

こんな原体験があるように、私は常に「自分のやりたいこと」をどうやって社会整合性をもちながらやるかを考えてきたように思います。

「大義名分」とは、行動のよりどころとなる道理です。「なぜ自転車に乗った方がいいのか」つまり、「なぜ、この本が今の世の中に必要なのか」を示す正当な理由です。大義名分を作るのは、企画を作る技術の一つでもあります。

『シゴトも恋も成功するカギはしぐさにある！』（安達和子／みらいパブリッシング）という本があります。

この著者は、「日本の伝統文化には、人がよりよく生きるためのノウハウが満載されている。ところが昨今の若者はそれを『古い』とか『面倒くさい』として切り捨てていてもったいない」と言います。

例えば「朝の電車に女子高生が髪の毛を洗った直後の濡れたままで乗り込んでくる。こんなの言語道断！」と憤慨します。

しかし、女子高生は、「遅刻しないように頑張っているのに、どうして怒られなきゃいけないの!?」と主張するかもしれません。

この著者の「伝えたいこと」「やりたいこと」は、「日本の美しい文化を守りたい」ということです。

これを、「そうだね、日本の伝統文化って大切だ!」と思ってもらえるように考えるのが大義名分です。

著者の「言いたい」を読者の「知りたい」にする技術です。

この時の大義名分はこんな風でした。

著者がどうして憤慨しているのかをひもとくと「公衆の面前に姿を現す時には配慮するべき」というもの。それを読者のメリットとして伝えようとすると、「配慮のない人は下品に見えるし、仕事の能力もないように見える」となります。これをさらに発展させると、「マナーを守れている人は、その立ち居振る舞いだけで、気の利く人、仕事ができる人に見せられる」。さらに、「日本の伝統文化の中に、そのマナーの技のヒントが満載なんですよ」としていく感じです。

この一連の流れは、ごく短くまとめていますが、実際、著者と一緒に企画を作る時には「自分は何が言いたいんだろう?」「なぜそれが必要なんだろう?」「それを人に理解してもらい、必要と思ってもらうにはどうしたらよいのだろう?」と掘り下げ、大義名分を考えていきます。

## まず「これをやりたい」を発信する

この本を読んでいる皆さんは、「自分の生き方の理想、社会に対する理想をもっていたとしても、どうやってそれを社会に伝えるの？」と思っているかもしれません。

ブログに書く、X《エックス》（旧ツイッター）で発信する、インスタに投稿する、セミナーを開く、ワークショップをする…。そういう行動もよいでしょう。でも私から言わせていただくと、まず「自分の本を出版する」「著者になる」ということを決めると、やるべきことが明確になって早道です。

これは先ほどの事例で言えば「日本の伝統文化の素晴らしさを伝える本を出す」と決めること。すると、やるべきことが見えてくるのです。

著者になるのにはハードルがあります。しかし、明確なハードルを設定すれば、何をしたらよいかわからないまま行動するより、はるかに行動を起こしやすく、努力もしやすく、結果、ハードルを超えられます。

そして不思議なことに、そうやって行動を続けていると、なぜか自然に大義名分が整ってくるのです。

例えば、最初は自分が新しいアトラクションに乗りたいだけでディズニーランドに行きたいと発言したかもしれません。でも、たとえそうだったとしても、行程を作り、プランを立てて行動していくうちに、それが親族とのイベントによいものだということが見えてくる。すると、最終的には「親族の親睦のためのディズニーランドイベント」ということになる。自分の「行きたい」が、「親族の親睦」という貢献に変わります。

最初に意志がなければ、何も始まりません。そして、意志があるから大義名分が整います。その整ったものを言葉で表現する。するとそこにコンセプトが生まれ、価値になっていきます。

## 読者を惹きつけるオピニオンリーダーになる

著者は、自分の主張に対して読者を先導する「オピニオンリーダー」です（さらにいうと、コンセプトリーダーですが、ここではまず、オピニオンリーダーとしておきますね)。オピニオンリーダーとは、輝かしい実績や優れた技術があるなどといった側面だけではなく、「どういう理想を読者(市場)に表現できるか」ということです。『74歳、ないのはお金だけ。あとは全部そろってる』(ミツコ/すばる舎)、『「気がつきすぎて疲れる」が驚くほどなくなる「繊細さん」の本』(武田友紀/飛鳥新社)などの本も、今までとは違った新しい感覚の価値を提供している本です。

これからの時代を気持ちよく生きるには、自分の中で新しい感覚、価値、概念を見つけ、創造し、社会に提案していくことが必要です。それが合っているかどうかは問題ではありません。自分が腑《ふ》に落ちているか、信じられているかが重要なのです。自分をごまかしたり、意固地になって自説を唱えたりしても読者はついてきてくれません。何しろ自分を欺いていますから、自分が気持ち悪いでしょう。

自分を動かすためにはフルスロットルだけではいけません。オートバイのレース中にカーブで転倒しないようにするには、カーブに入る直前にスピードを緩める必要がありま す。そのタイミングや緩め方は人それぞれです。時には、様子を見て戦略的にスピードを落とすこともあるでしょう。スピードを緩めれば転倒はしませんが、速度は落ちます。スピードを落とさず、転倒もしない。スピードと安全を両立させるバランスがどんな具合かは自分で決めるしかありません。その人それぞれの、身体感覚、運転技術によってもその作戦は変わってくるでしょう。

スロットルを上げる時には一気に進む。

自分の信じる未来に向かって、人事を尽くす。

概念を作り努力を続ける。

出版企画を作るとそんな自分を動かすエンジンができます。

## 人類はコミュニティーで進化を加速させてきた

自分の理想を実現しようと思った時、自分ひとりだけではできないことは多いと思います。ダイエットして魅力的なボディになるとか、楽器で素晴らしい演奏ができるようになるなど、自分自身に向き合って理想を実現する人もいますが、そういう場合でも、指導してくれる人がいたり、応援してくれる家族がいたりします。

社会に対して理想を実現しようとする時も、ひとりの力で取り組むよりも、チームで取り組む方が大きな成果をあげることができます。

人類の進化の過程で、ホモ・サピエンスはネアンデルタール人よりも骨格が細く、力も弱かったといいます。しかし、両者はコミュニティーを作る能力が何倍も違い、ネアンデルタール人の作るコミュニティーが15人ほどだったのに対し、ホモ・サピエンスは100人以上の集団を作って行動する社会性がありました。その結果、集団内で知識の共有が進み、自然環境を含めたさまざまな困難を乗り越えることで生き残ったのだとか。私たちは知識を共有して未来を創造していく生き物なのでしょう。

知識を共有する過程で自分自身を磨き、自分が体験したことを人に伝えていこうとする行動に発展することもあります。悩んでいる人にヒントを渡し、ノウハウをシェアしたいと考えるのは自然な欲求なのかもしれません。

「自分のもつ資産が社会的なものになる」

これは大きな充実感につながります。自分が社会に受け入れられている感覚、社会から応援してもらえている感覚にもなります。

人間は基本的に「善人」なのだと思います。悪いことをしている人を見ると嫌な気持ちになったり、「悪」とされる行動を自分がした時に気分が悪くなったりする人が多いのはその証拠です。善人であるがゆえに、自分の知っていることや、わかったことを人に教えて助けたくなるのです。

ところが、自分のもっているもので人を助けようとする行為はとても難しい。今の時代では、なおさらです。

昔は、近所のお節介な長老が近隣の人の世話を焼いて社会が成り立つ構図がありましたが、そういうことも今は少なくなってきているからです。価値観は多様ですし、困りごとも解決の方法も多様です。余計なお節介を焼けば、かえってこじらせることにもなりかねません。

情報やノウハウ、知見をもっていても、伝え方や表現方法でその価値が変わってきてしまうこともあります。知識をもつ側が「これは絶対あなたの役に立つ」と思っても、伝えるタイミングや方法、双方の関係性などを吟味し、丁寧に受け渡さないと相手に届きません。情報やノウハウ、知見をもっている側のリーダーシップも重要になります。伝え方で知見やノウハウの価値が全然違ってきてしまうのです。

多くの人は「教わる側が謙虚になればよい」と思うかもしれません。

しかし、海を見たことのない人に海を伝えることができるのは、海を知っている人だけ。

海を知っている人、海に行ったことのある人が、まずはリーダーシップをとって教えないと伝わりません。さらに成果となる本質的なナレッジシェアにならないのです。

釣り好きの人が、「釣りはいいよ」と言うだけでは「あなたは釣りが好きなのね」で終わってしまいます。しかし、「釣りをすると人生が変わるよ」「釣りは大自然の力に抗えない自分を知り、そのリズムに合わせて魚を釣らせてもらうことで、自分の存在意義を知るんだ。自分がやるべきことが見えてくるんだよ」という風に自分の概念を明確にしたり、社会への発信の工夫するなどして伝えると、相手の気持ちに届きます。

## これからの時代のコミュニティーとは

私たちのコミュニティーやチームのあり方は、ここ何年かで様相を変えているように感じます。

イワシは集団で行動することで自分を大きく見せ、外敵からの攻撃に対抗して種を守る作戦をとっています。そういう集団では、集団行動を乱す個体の身勝手な行動が集団全体の危機につながることがありますから、身勝手な行動は絶対に御法度。集団行動を乱す個体は、いじめられて集団にいづらくなります。

人間という集団も、ついこの間までそんなフェーズであったところから、急激に「個別に個性的な活動をして未来の展望を見いだし、かつ全体でチームビルドをせよ！」というフェーズに変わったのではないかなと感じます。

世界は課題だらけですから、国家や経済を含めた権力者が、「こっちが正しい」「あっちが正しい」などと言っていても間に合いません。

今までのように、「マジョリティが正しい」というシンプルな社会構造であれば、大人数の意思決定も簡単だったかもしれませんが、これだけ多様性に富んでくると、意思決定は高度になり、時間も必要となってきます。ひとりのリーダーとその他大勢の時代は終わり、一人ひとりがその専門分野のリーダーであり、研究や分析を重ね、その研究結果を知見として社会に発信していく時代なのです。

「私なんて無理」と言っている場合ではありません。世界はあなたの「力」を待っています。

もしかしたら上司から「君は仕事ができないね」と叱責されたり、親から「おまえは出来が悪い」と言われたりしたかもしれません。あるいは、こんなに頑張っているのに会社が認めてくれないとか、独立している人なら、「お客さんが全然来ない」と思っているかもしれません。

しかし、それは目先の現象でしかありません。

人間を取り巻く環境を見た時、人類総出でなんとかしないといけないフェーズに突入しています。その中で、自分のもっている才能をどう生かすかの作戦を考えることが、よりよく生きる方法なのです。まさに、人事を尽くして天命を待たなければ解決できません。

その人がやる気や意思をもつことで、面白い本ができたかもしれません。その本が多くの人を助け、その本がきっかけで、社会がよい方向に変わっていくかもしれません。そのチャンスを「私なんて無理。自分にはそんな実力がない」という思い込みでなくしてしまうのは、私は編集者としてめちゃくちゃもったいないと思ってしまいます。

とはいえ、こういう社会のシステムができあがっている中で、どうやって自分の理想を実現していけばよいのか途方に暮れる人が多いのも事実でしょう。

そんな状況の中だからこそ、「著者になることを目指す」のが早道なのです。

釣りの魅力を伝えたいなら「釣りはいいよ」と
言うだけでは足りません。

## 出版界の人たちに
## 興味をもとう

## 「売れる本」がよい本か？

出版社に勤めている編集者は、出版社のミッションで出版企画を作ります。もちろんゴールは、出版社に利益をもたらすことです。私の場合、独立してからは、クライアントを「本を出したい人」に設定しました。

「本を出したい人」の目的は出版を実現することです。私は「本を出したい人」にお金をいただき、今までのように企画を作ります。企画書の提出先が、自分の勤める出版社だけでしたが、独立してからは自由に好きな出版社へ提出することができるので幅が広がります。これが最高に嬉しかった。著者よし、出版社よし、私もよしの三方よしでハッピーじゃないか！　というノリでした。

出版社に勤務している時には、当然のことながら、出版社の条件に合った企画しか本にすることはできません。ほかの出版社だったら本になるかもしれない、もう少し企画を磨けばよい本になるかも、著者の物わかりがよかったら出せるのに…などもどかしく思うこともありました。そう思っても、手を出すことはできません。そこに手をかけるなら、力があり、リテラシーも高い別の著者の企画を作った方が勝率は上がるからです。

とはいえ、そういった「手を出せない人」たちの中に無限の可能性が潜んでいることを感じてはいました。限られたアドバイスしかできない中で迷っている著者や、自らのスタンスを間違えていることで迷走してしまっている著者などを、「ここを変えるとよくなるのに惜しいなあ」と思いながらも、その人たちと対話をしている余裕はありません。

これまで私は、多くの著者が「売れる企画」に翻弄《ほんろう》されて出版業界から消えていくのを見てきました。

出版社に勤めている時代には、先輩編集者から「著者を使い捨てにしかできないのが辛い」という話を聞いてきました。とある年上の編集者は、お酒が回り始めると「自分は著者の死屍累々《ししるいるい》の上に生きている」と言いながらよく泣きます。

「売れる企画」は「売れる著者」に書いてもらいます。または、企画ありきで考える場合は、その企画にふさわしい著者は誰かと考えます。著者ありきでスタートする場合には、その人のもつ経験・ノウハウ・知見・価値観（思想）・ビジョン（理想）から発想しなければ、絶対に面白いものは作れないのです。

人は誰でも個性をもっています。本人は「自分なんて平凡だから」と思っているかもしれませんが、人それぞれに違う価値観があり、特性があります。その人が生きてきた過程で、その価値観が行動に結びつき、今の成果になっている。当時の私には直感でしかありませんでしたが、今となっては「企画は著者のオリジナリティから磨く」は確信です。

面白い企画は、著者のオリジナリティから生まれます。著者が「売れること」を意識して企画や内容を語っても、それは上っ面の机上論で、数分話をすれば終わります。しかし、本人の本音の価値観、動機、こだわりは、荒削りではあってもあふれ出てくる情報があります。最初は説明が洗練されていないし、論旨もまとまってない、ただの吐露であることも多くあります。しかし、それが研ぎ澄まされてくると、誰にも真似できないユニークな企画になってきます。同じ人間が2人いないように、どんどん磨いていくと面白さが特出して唯一のものになるのです。似た性質の著者がいたとしても、分野（例えば整体師と社会保険労務士とか）が違えば全然違う本になるのでバッティングはしません。彼らは今の時代を専門家として生き、今の時代のクライアントにサービスを提供しているわけですから、自分たちのフィルターを通して今どきのクライアント（読者）の心を見つめています。これは、机上論で「売れる本」を考える中では生まれません。

出版業界では「よい本も悪い本もない。『売れる本』がよい本だ」という慣用句もあります。

編集者が「この本は世の中に必要だ！」という自分の思いだけで本を作る傾向を戒めるためのメッセージです。

でも、本には、それぞれ役割があります。出版企画を決定する際には、損益分岐点が何冊なのかを設定して本を作ります（原価収支表）。例えば「50％売れたら黒字」の損益分岐点の場合、１万部配本の本だと５０００冊です。それが２０００部しか売れなければ赤字になりますが、３０００部配本の本なら１５００部売れればよいので２０００部売れれば黒字です。

「２０００部」で損益分岐点をクリアできる本。「2万部」で損益分岐点をクリアする本。どちらがよい悪いではありません。専門書で、広くは読まれないけれど、その

〈損益分岐点の計算〉

**本によって事業設計がある**

〈例〉 2万部初版　定価1,400円の本

必要経費（販管費*含む）580万の場合

（印刷費・人件費・流通経費・外注費・営業費・広報宣伝費・印税）

1,400（定価）× 0.6（掛率）* × X（実売数） ＝580万（必要経費）

この式が成立するXが損益分岐点となる

X（損益分岐点）＝6,904.7619

6,904冊以下は赤字　6,905冊以上は黒字

＊販管費＝販売管理費の略。家賃、人件費、水道光熱費などの固定費のこと。
＊掛率＝取次、書店などの利益分から計算して、定価のうち出版社の売り上げになる割合。0.6(60%)は一つの例。出版社ごとに条件が違うので、一律60%ではない。

業界には必要な本。多くの人を楽しませるために、広いターゲットに対して、訴求する本。どちらも必要です。私のセミナーでは、前者を『国際バカロレア入門』（大迫弘和／学芸みらい社）、後者を『もし文豪たちがカップ焼きそばの作り方を書いたら』（神田桂一・菊池良／宝島社）を例にあげて話をします。

シンプルにどちらが売れたかと言えば、「カップ焼きそば」の本です。でも、「国際バカロレア」の本も、大きく社会に貢献しています。

なので、本来の「よい本」は、必要な人に届くための「企画・編集・制作・流通販売」をされた本を意味するのだと思っています。

## 本が売れなければ出版社は存続できない

もともと新刊の書籍を出して黒字になるのは2割程度とも言われます。「編集者は3割バッター（出す本の3割がヒット）だったら優秀」なんて話があるのはこういうことからです。10冊新刊を出す出版社の場合、2冊が黒字で8冊が赤字になる。これは大げさな話ではなく、平均値です。出版社は一部の売れ行きのよい本を回転させることで生き残るのです。つまり、新刊本では利益が出せないので、過去に出版された既刊本で食べている状況なのです。

売れる本を、より多く売る方が効率がいいのは当然です。しかし、それだけでは先細りしてしまうので新刊を出します。苦労して厳しい企画会議（商品決定会議）を通し、編集・制作・刊行した本でも、売れるかどうかはわかりません。だから、新刊はテストマーケティングといっても過言ではありません。

企画会議では、その企画の著者にすでに著作があれば、必ず前作までの実績（実売数、実売率）がリサーチされます。

実売数とは、読んで字の如く実際に売れた数です。実売率とは、配本したうち実際に売れた本の割合です。例えば、1万部配本して

〈実売率〉

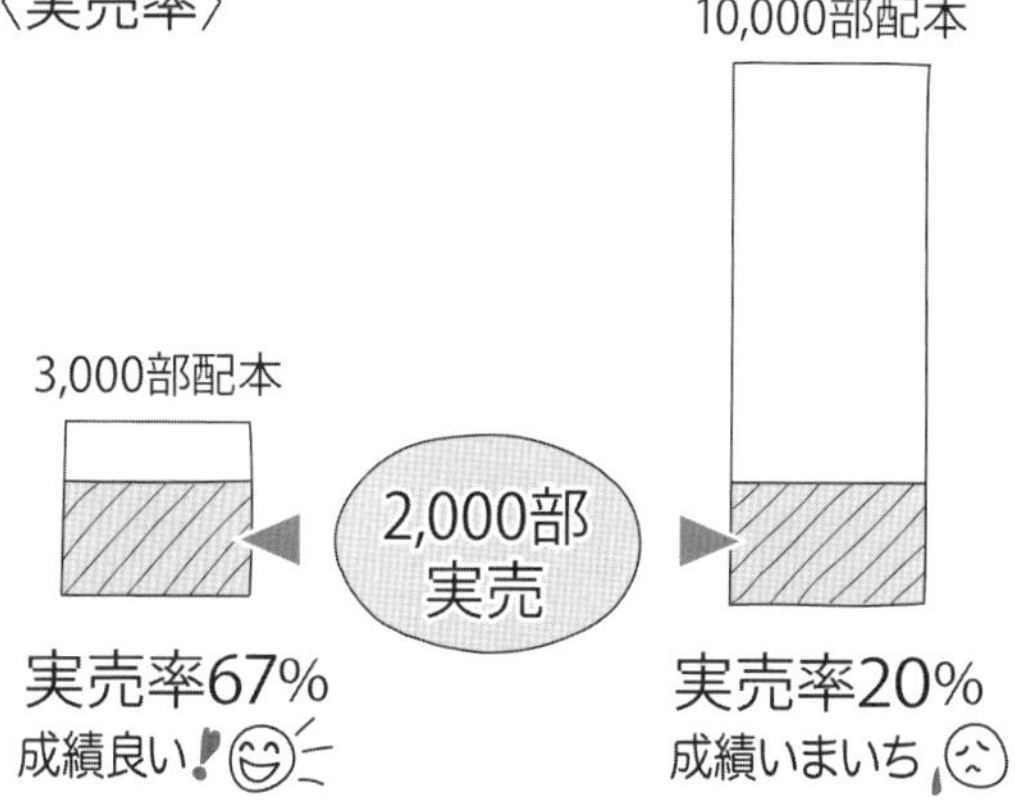

実際に2000部売れたとすると、実売率は20％。3000部配本して2000部売れたとすると、実売率は67％となります。

出版の世界では実売数も大事ですが、この実売率がさらに重要です。どういうことかというと、1万部売れそうだと見込んでいた本が2000部しか売れなかったのと、3000部売れると見越していた本が2000部売れたというのでは、成果が違うということです。

新刊配本の部数は本の性質によって違ってきます。

現在、日本では年間6万点ほどの出版物が発行されていますが、タイトル数からすると専門書の方が多いのが実情です。とはいえ、ベストセラーの方が目立つので、多くの人は売れている本のことしか知りません。一般的に、大手出版社は大きな部数のマスの戦略で勝負しますし、小さな出版社は少部数でも勝てる本の出版をします。小さな出版社が出す専門的な本は比較的市場が小さいでしょうが、その市場で必要性があれば売れます。ですから小さな出版社は市場を広げず、ターゲットを絞って、専門、ニッチの戦略を取って本を作るのが一般的です。

専門出版社には独自のルートがあるので、いくら大手でも、専門出版社が出すような本は苦手です。企画の作り方、本の売り方が違います。大手は大手の強み、専門出版社には専門出版社の強みがあるのです。

## 出版と真摯に向き合うと見えてくるもの

私が出版社を辞めて独立したての頃のこと。出版社勤務の編集者時代と同じように著者と一緒に企画を作っている中で、「生きている意味がわかりました」「このことを伝えるために生まれてきたんだとわかりました」と言う人が次々に現れて驚いたことがあります。

独立して出版社の縛りがなくなり、企画を作り始めた時に最初にこだわったのが、著者の「動機」でした。

「あなたは、なぜ本を出したいんですか？」

「あなたは、この本を通じて何を言いたいんですか？」

私はもともと記者からスタートして編集者になったので、取り繕った言葉を聞いても、言葉としては理解できるものの、腹落ちしません。本音の言葉しか入ってこないのです。

だから、その真実を知りたくて、どんどんどんどん聞いていきます。

私は自分の感情にウソがつけません。社会生活を送る上では喜怒哀楽を抑えた方がよいという教訓を、人生の中で学ぶタイミングがなかったのかもしれません。ただ、トラブルは、最小限に抑えたい。よって、小さい頃からトラブルを最小限にしながら、自分の気分を殺さずにどうすれば社会適合できるかを虎視眈々とうかがってきたように思います。


思い起こされるのが子どもの頃の歯医者さんです。私はすこぶる健康に恵まれていましたが、虫歯だけはありました。その頃の歯医者さんは今と比べようもなく痛かったのです。行きたくないけれど、行かなければもっとひどくなることはわかっていました。どうする？私。決めたのは、痛ければ泣けばいいのだ。そして「泣く」。だって痛いんだもの。その時の私は6歳か7歳頃だったと思います。やっぱりその日も痛かった(と感じた)のでワーワー泣いてみた。そうしたら、歯医者さんがケラケラ笑って、「そんなに痛くないでしょ？」と言うのです。そして気づく。あれ？　確かにそんなに痛くなかった。

この性質は、今もあまり変わりません。私の周囲の親しい人たちは、私の喜怒哀楽が激しいことをよく知っています。なぜなら、本人は無自覚ではあるものの、私が悩む時は、この世の終わりかのようにわかりやすく「私は悩んでいます」と弱ったフリをしたり、大騒ぎしたりしているらしいからです。嬉しい時には有頂天で調子に乗っているし、困った時は、その解決策が出てくるまで（自分が納得するまで）考える。そして何らかの手を打とうとして、もがく。悲しい時には布団にくるまる。怒っている時には必ずやリベンジしてやろうと考える…。自分の感情にウソがつけませんし、「負の感情」のままで自分を放置できない体質なのです。

しかもそれを粛々と静かにやればよいのに、ジタバタもがきながらやる。「沈思黙考」に憧れますが、どうもそれができない。そんな感じだから、おそらく親しくない人にも火の粉をまき散らしているだろうなという自覚があります。

感情をオープンにすることで、自分を大切にしながら、人とコミュニケーションする。それが私のスタイルなのです。

そんなわけで私は、著者の前でもウソをつくことができません。喜怒哀楽をモロに出しつつ対峙します。話が面白くない時には、きっと不機嫌な顔をしていると思います。著者が面白くないのではありません。著者のもっているものを面白いと思っていて、絶対よい企画になると確信しているのに、相手が本音を言ってくれなかったり、表現が下手だったり、協力してくれなかったりすると腹が立つのです（申し訳ないです）。

でも、そんな風にジタバタと感情のままに対話を続けているうちに、「生きている意味がわかりました」「このことを伝えるために生まれてきたんだとわかりました」など、「自分の『使命』が見つかった」と言う著者が続出するのです。

そして一番驚くのが、そうなった時のその著者の強さです。彼らは課題をやすやすと乗り越えていきます。

商業出版を成し遂げるということは、出版社が認める「本（という商品）」の企画を作り、プレゼンして、OKをもらって、その商品を納品すること。しかも、その商品（本）が売れなければ次はないという厳しい課題が待ち構えています。

私は、人は誰でも本を書けると信じています。とはいえ、出版社の損益分岐点を超える本を刊行することは簡単なことではありません。

自分の中から、経験・ノウハウ・知見・価値観（思想）・ビジョン（理想）を見つけ出し、整理する。そこから、人が読みたい、お金を出してでも買いたいという本の企画を作り出す。それを編集者にプレゼンテーションする。出版が決まったら、その企画書に沿って原稿を書く。本が刊行されたら、その本を広めるために活動する。

たとえ何かの分野の先生（専門家）であっても、本の世界では素人であるところから、著者の技術を身につけるには当然努力が必要ですし、仕事をもつ中で著者業をこなすにはパワーも必要となります。途中でへこたれそうになる人や、「本を出したい」という気持ちを捨ててしまう人もたくさん見てきました。

ところが、「自分の経験・ノウハウ・知見・価値観（思想）・ビジョン（理想）を広く世間に伝えたい」という使命が見つかると、著者はぶれなくなります。やり遂げる覚悟の軸が違ってきます。

使命を見つけた人は強いです。そして、それが「出版企画」という価値になっていく喜びはとてつもなく大きい。

企画書を完成させ、それを編集者と共有できた時の喜び。原稿を書き、さまざまな作業の後、本になった時の感激。手に取った読者から感謝の声が届き、社会に還元できている実感。

著者自身の才能が価値になり、社会貢献になり、著者に戻ってくる。これが自分のしたかったことだと自己実現の実感をもつ。そうやって次の挑戦を見つけていく…。そんな工程をたどっていきます。

企画書ができた段階では、まだこの未来を知りません。それでも著者は、企画書を書いている段階で生きている意味がわかり、このことを伝えるために生まれてきたと知り、「整いました」という状態になる。

私からすると、「企画書の魔法」です。

## そもそも出版社とは何をする会社？

出版社のことを「版元」と呼ぶことがあります。私自身も「版元」と言う時と、「出版社」と言う時と、無意識に使い分けているような気がします。

大学の講義のレジュメや、授業をスタートする年度初め頃には努めて「出版社」と言うようにしているものの、リアリティーを伝えたくなってくるとつい「版元」と口走っているようで、「版元ってなんですか？」と学生に聞かれることもあります。版元とは出版社と同義です。

出版社とは、言うまでもなく書籍や雑誌を発行する会社（メーカー）です。出版社が本を刊行し、販売していく中では、さまざまな会議が行われます。ざっくりと説明します。

出版社によって会議の名称は違いますが、本は出版会議だとか企画会議など、本の刊行を決定するための稟議《りんぎ》を起点として生まれます。この会議に、編集者が出版企画書と原価収支表（損益分岐点がわかるもの）を提出して「この本は、これだけお金を使うけれど、これだけ売れて儲かるはずだから作らせてください」という話をし、「いいよ」と言われたら本を作ることができます。

もちろん、上長も、役員も、営業も、「いいよ」と言うから本が刊行されるわけですが、「作りたい」と言っているのは編集者。チェックする他部署との攻防が繰り広げられる会議です。自分が企画・担当した書籍の販売実績は、毎月実施される販売会議の場で如実に示されます。その目的は、もちろん編集者を糾弾することではなく、「どの本が売れているか」を見つけて「販売の力点をどこに置くのか」を判断することです。例えば、広告を新たに出すとか、著者にメディア露出の計画があるかなどの情報をやり取りして共有し、次にすべきことを決めます。

出版社はこんな風に、売れる本をより売るように計画を立てます。同じエネルギーを注ぐなら、売れ行きのよさそうな本に注いだ方が効果的なのは当然のことです。

販売会議の目的は販売を促進することですが、成績の悪い書籍のラインナップにも触れます。この販売会議での「売れているか」「売れていないか」の判断基準は、出版会議で提出された原価収支表に示された販売予測の数字に対して、実際はどうなのか、ということです。

売れている本の編集者は当然発言権も強くなりますが、逆に売れていない本の編集者はこの会議で「どうするつもり?」「どうやって売るの?」「著者にもっと頑張ってもらわないとね」なんて言われてしまって大変肩身が狭い思いをします。

## 出版社の倉庫で目にしたもの

私のいた出版社に限りませんが、編集者が倉庫見学へ行く機会を業務として設けている出版社の話を時おり耳にします。

私が勤めていた出版社では、この業務を主催するのは管理部門でした。「倉庫の業務を知っておくと勉強になる」みたいなふんわりした導入で年に一～二度そのような機会がもたれ、何年かに一度は必ず行くように上長からも指示されますし、それが慣習になっていました。

倉庫というものはたいがい東京の都心にはありません。長い時間電車に乗り、ようやく電車を降りたと思っても駅から結構離れた場所にあることが多く、ちょっとした出張。半日つぶれます。

ようやくたどり着き、実際に倉庫へ行ってみると、日常的に「本が売れる」とか「売れない」の感覚は、机上のものであったことを突きつけられます。

倉庫に一歩入ると、高くそびえ立つ返品の山が見えます。この本たちは、一度、取次（出版業界の問屋さん的存在）を通じて書店に行き、返ってきたということです。その姿を見ると、そもそも企画がどうだったのかとか、編集の過程で何ができたのかとか、著者に対して働きかけがどうだったのかなど、ヒリヒリどころではない痛みに襲われるのです。

日本の出版流通には、「返品制度」（詳しくは148ページ参照）があるので、出版社の倉庫では「改装」という作業があります。返品された本が汚れていたら、カバーや帯を適宜付け替えたり、側面を研磨したりするのです。そんな光景を見ると、書店店頭で、大切に本を扱ってもらいたいなーと思ったりもします。でも、見本で手に取らなければ、買う気持ちにもなれないし。書籍編集者は、ずーっとこういうことばかり考えています。

たいがい担当者は、とても丁寧に親切に案内してくれます。おそらくあの返品の山のインパクトに弱る編集者が多いのでしょう。この倉庫に行く業務の日は、そのナビゲーショ

倉庫に行ってみると、取次から戻されてきた返本の山が
高くそびえたっていました。

ンをしてくれる管理部の人も、営業も、皆、仏のようにニコニコして送り出してくれたものでした。しかしそうしてくれればくれるほど、帰りの足取りが重くなるのです。

## 義務もあるけど権利もある「版元」

出版社で編集者をしていた時には、どうしてあらゆることが編集者の責任なのかと思ったこともありました。

本を作らなければ会社の売上げにならないのに、企画を考えて「作らせてください」と企画会議に出し、「この内容で売れるのか」とか「類書に比べて弱い」と散々言われて、修正を重ねてようやく作らせてもら

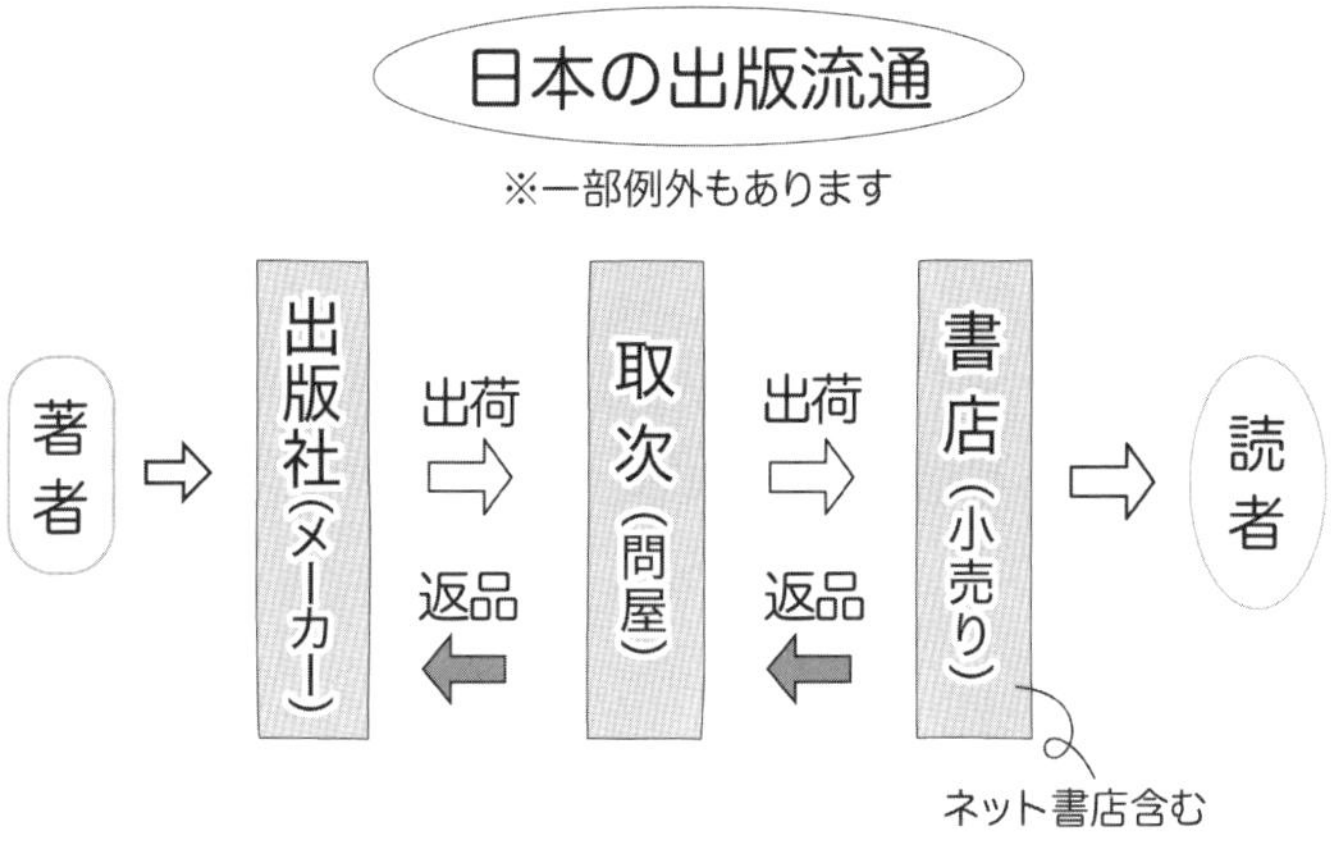

えます。その後も著者との交渉や、会社との折衝などさまざまな調整をし、デザイナーや校正者や、いろいろな関係者に動いてもらってどうにか本の形にする。

特にビジネス書、一般書のジャンルは、初めての著者とタッグを組むことが多いので気苦労も多くあります。しかも、前例を踏襲するような本は売れませんから、ほぼ新しい取り組み・切り口が求められるのです。まれに続編が出る本もありますが、それは圧倒的に少ないのが実情です。

とかく編集の仕事の工程には困難がつきまといます。どんな仕事にも苦労は多いでしょうが、編集の仕事も、やらされていると思ったらこんなに大変な仕事はないかもしれません。

編集者には外部の編集者、いわゆる外編と、出版社に勤める編集者がいます。

同じ「編集者」のくくりにはなりますが、この二つは大きく違います。外部編集者は出版社から発注のあったアウトプットを担当することが主な仕事です。その一方で出版社勤務の編集者は、自分が担当した本の売れ行きが実績、すなわち成績となってついてまわりますし、本に記載された内容が権利を侵害していたり、事実誤認があったりした場合は、まず出版社に対して訴えが起こされ、矢面に立たされます。つまり責任を取る立場にあるということです。

出版社は、「この本を世に出した責任者は誰？」と問われたら「はい。私です」と名乗り出なければいけない立場──責任の大元──です。奥付には、その刊行物の発行責任者である「発行人」の個人名も記載されます。

「版元」。本を誕生させる出版社には、発行元として責任の大元を担わなければならない仕組みがあるのです。江戸時代には、「浮世絵」の版元がスター歌舞伎役者のブロマイド(肖像画？)を刷っては売って儲けた話を耳にした人も多いと思います。

長年、出版社に勤める書籍編集者として著者に仕事をしてもらってきました。その中で、時おり、著者からの出版社に対する尊敬、憧れとともに畏怖、そして猜疑心を感じてきました。

最初は「こんな大きな出版社に出版していただけるなんて！」と、ありがたがられるものの、少し何かすれ違いがあると途端に、「だまされているんじゃないか？」とか「自分の意見を聞いてもらえないんじゃないか」「不本意な内容で勝手に印刷されるんじゃないか」と疑心暗鬼になる著者もいます。

実際、机上の権利だけで、著者の意志の尊重や、意向の確認など、組織優先で進められてしまうことも皆無ではありません。編集者に悪気があるというより、会社の意向という組織の中の調整に翻弄され、著者を振り回してしまうようなケースもあります。

では、どうしたらいいか。事件ばかりあるわけではありません。多くの出版物は、編集者と著者がタッグを組み、出版社内で、さまざまな意思決定をして、工程を進み、完成して、世に出ます。出版社は怖いところ、と言うばかりでは前に進めません。なので、まずは、出版業界に関心をもつ、窓口の編集者の立場に寄り添うことによって、リスクは軽減されます。「出版の神様に応援してもらうにはどうしたらいい？」と考えて本を出してもらうといいのだと思っています。

## 本は著者と編集者の化学反応の産物

出版社の編集者は、ひとりでひとつのタイトル（案件）の書籍を仕上げます。雑誌の場合は、編集長以下チームで仕上げますが、書籍はひとりです。

そのため、同じ部署でも隣の席の編集者が、その人の抱えている案件をどんな風に進行しているか、新たにどんな案件をゲットしようとしているかは、あまり知りません。

とある有名編集長が、講演でこんな話をしていました。出版企画会議では、編集者のプレゼンを聞いて、自社で発行した場合、損益分岐点を超えられるかどうかという予測で、採用するか否かを決めます。ただ、その案件が売れるかどうかについての判断は、一般的なジャッジの方程式はあるものの（著者の知名度、類書市場の活性化度合いなど）その枠の中だけの判断でもなく、最終的にその会社のメンバーの「これはいける！」という感覚的なものも判断の要素になります（外れることもありますが）。その「感覚的なもの」のひとつに、この編集長は「編集者の勢い」も入るというのです。

なぜなら、書籍編集は著者と編集者が一対一で作るケースがほとんどなので、そこで何かトラブルが起きた場合、その担当編集者が解決するしかありません。編集長は「その編集者は、この案件を最後まで情熱をもって作り上げられるか」というのが大きな判断要素なのだと語っていました。

こんな風に、書籍は編集者と著者の主体との化学反応の産物だと感じます。どういうことかというと、同じ著者の企画書でも、10人の編集者がいれば10通りの本ができるということです。

『編集者、それはペンを持たない作家である　私は人間記録として、自分の感動を多くの読者に伝えたかった。』（神吉《かんき》晴夫《はるお》／実業之日本社）という本があります。これはかんき出版を設立した高名な編集者の本ですが、おそらく、すべての編集者の心持ちには、こんな要素があるのだと思います。つまり、編集者は著者を通して自分の表現をしている、ということ。別の角度から言えば、編集者は自分の「価値観」や「ビジョン」を使って、編集作業をするということだと感じます。

編集の仕事とはとても属人的です。ひとりでひとつのタイトルのリーダーシップをとり、制作、管理、販売といった社内外のチームを動かして本を完成させ、流通に乗せて世に出します。

「編集者を応援してください」と話していますが、編集者を応援するとは、「編集者の言いなりになる」のでも「編集者を先生扱いする」のでもありません。編集者は、意志や意図をもって著者に原稿を依頼するのが仕事。著者はそれを受けて、プロとしてその期待を超えるアウトプット（価値のある原稿を書く）をする。編集者が「助かる！」という原稿を出すこと。つまり、著者は編集者を応援することが仕事です。

ただ、これができるのには条件があります。まず、自分が納得していること、自分の成功イメージを盛り込んだ出版企画であることが重要です。

出版企画書は、著者としての事業計画書のようなものです。自分の事業計画（戦略）を編集者が一生懸命具現化してくれるわけですから、応援しないわけにはいかないですよね。

# 編集者の仕事は「一冊一事業」

最近では、編集部内でナレッジシェア（知識やノウハウを共有すること）をしたり、ワークショップをしたりする話をちらほら聞きますが、たいがいは、職人仕事のように見て覚えるのが編集者の仕事です（私も、誰かに習った記憶がありません）。

大手出版社だと、新卒で書籍編集者志望として入社しても、まず週刊誌の部署に配属されて、タレントの家の近くで「張り込み」をするとか、営業部で本を手運びするという話を聞きます。そこで訓練されて、一人で書籍を仕上げられそうな見込みのある人だけが書籍編集部に異動できるとか。一つの書籍の企画を立て、損益分岐点を超えると宣言して本を完成させるわけですから、一冊仕上げるのは一事業を立ち上げるようなものですね。

そんな事業を成す編集者たちは、本人たちにそんな自覚は少ないと思われますが、個性にあふれています。

同時に複数タイトルを抱え、その一つひとつがよく表現できているか、順調に制作が進んでいるかを考えるのに忙しいですし、何しろ多くの人に動いてもらって本を作っていますから、自分の性質を振り返っているヒマなどありません。私自身もこんなに長く仕事を続けてこられたのは、編集者という職種だったからだとあらためて思います。仕事本意で動きやすい。社内の人間関係で多少嫌なことがあっても、社外の人間関係も多いですし、書籍の世界観を作ることに忙しく、そこにとらわれにくかったからです。

編集者の仕事の進め方は千差万別、十人十色だとつくづく思います。

編集者ほど、その成績があらわになる仕事も少ないかもしれません。自分が企画した書籍タイトルがどれだけ売れたか。出版社内では刊行後に販売会議がありますから、売れ行きはガラス張りです。このタイトルの担当編集者は誰か、と責任の所在も明確です。

編集者たちは、自分たちの能力と出版社の仕組みを使い、著者に依頼して企画をし、本を作ります。編集者はメーカーに勤める従業員ではありますが、その出版社に一生を捧げる！　というより、比較的、「自分という編集者は、どこの出版社に所属したらよい仕事ができるか」ということを考えて仕事をしているように感じます。

例えば、自動車好きの人が日産自動車に入社したら、ほとんどの場合、一生日産車を愛するという話を聞きます。しかし編集者の場合、「自分はどこの出版社で活躍できるか」という視点をもつて仕事をしているように思います。自分はその出版社で編集者として働いているのであって、営業や制作、総務に移動になるなら、そこにいる意味はないと考えます。そのため転職も厭《いと》いません。編集者にはそんな一匹狼のような人が多いのです。

転職後の評価も「本が売れたかどうか」でなされるので、その出版社のビジネスモデル（強みや、勝ちパターン）は研究し尽くします。過去に所属していた出版社での成功パターンが、次に所属する出版社で通用するとは限らないからです。

出版社それぞれに、強み弱みが違います。それを見極めないと、企画は通りませんし、本を作っても売れません。

## 担当ジャンルによって違う編集者の性質

こんな風に、書籍編集者というのは個人の資質に頼る部分が大きい仕事ですし、自分の培ってきた編集者スタイルというのはなかなか変えることができません。

そもそも取り扱うジャンルによっても、編集者のスタイルは大きく違います。

週刊誌にいた編集者は、「書籍はまだるっこしくてしょうがない」と言います。私も週刊誌の記者をしていたことがあるのでよくわかりますが、週刊誌は超体育会系の世界です。毎週締め切りがきて戦場のよう。息をつく間もないとはあの状態を表すのだと思います。

その一方で、以前務めていた出版社で私のいた部署の隣は辞書編集部で、そこでは10年単位で辞書を作っていました。『舟を編む』（三浦しをん／光文社）の描写はよく表現できていると思います。他部署と時間の流れ方が全然違うのです。

文芸書の編集者とビジネス書の編集者も違います。私の元同僚は文芸の編集者で、若い時にとあるビックネーム小説家の担当をしていました。彼はバーベキューでいかに肉を上手に焼くかを真剣に練習していましたし、私の友人も、担当する小説家が子どもを産んだ際には、ほかの出版社の編集者と交代で赤ちゃんのおむつ替えをしたと言っていました。

一方で、とある小説の処女作を商業出版した著者は、原稿を持ち込みした後はメールのやり取りだけで、一度も編集者と会わずに本が出たとか。こんな風に、文芸は作家によって全然違います。

ビジネス書・実用書の編集者はたくさん企画を抱えていますし、企画も同時進行していることが多いので、著者はデビューしやすいと言えます。また、ひとりの著者にこだわる編集者も少ないようです。加えて、ライティングをブックライターに頼むことも多いのが、このジャンルの特徴です。ブックライターとは、著者の代わりに本を執筆するライターのことです。ビジネス書、実用書の著者は書くことの専門家ではないので、ブックライターが原稿を書くのは、格段珍しいことではありません。

小説などの文芸は、文章が「作品」なので、作家性が問われます。ほかの人に書いてもらうことはありません。

ここで、ジャンル別のビジネスモデルの違いについても触れておきたいと思います。

先ほど、ビジネス書・実用書はデビューがしやすいと書きました。なぜなら、ビジネス書・実用書の読者は「著者名」で本を買うこともありますが、その「機能や効果」が明確に示されている「タイトル」を見て買うことが多いからです。

これに対して小説などの文芸やアートなどのジャンルの本には抽象的なタイトルが多く見られます。読者は何らかの「機能や効果」を狙って本を買いますが、小説などの文芸やアートなどのジャンルの本に対する期待は、ビジネス書・実用書のようなわかりやすい効能とはちょっと違って、「泣きたい」とか、「スッキリしたい」「感動したい」というようなエンターテインメント性を期待して、「この作家の本を読みたい」と思います。そのため、文芸ジャンルは作家が市場に定着するまでに時間がかかります。その作家が上手だからというだけで売れるのではなく、期待や市場のブームなどで本が売れるのです。

十年ほど前『ゴーストライター』（フジテレビ系）というテレビドラマがありました。出版社のドル箱である大人気女流小説家がスランプで締め切りを落としそうになります。

編集長はそれを避けるために、その作家のアシスタントである小説家志望の女性の作品を偽って掲載します。それが「作風が新鮮だ！」と評判になり、そのお礼としてアシスタントの女性は自分の名前で小説を刊行させてもらえることになります。ところがその本は、ほとんど返品となってしまうのです。これは、本当にわかりやすいエピソードです。

どういうことでしょうか。

小説家は上手なだけでは売れないということの表現です。名前で売れる。上手いのは当たり前で、その上で時流を作れるか、体力があるか、書き続けられるか、要望に応える強さがあるか、人気が出るか、人々の関心を惹きつけられるか、会社の戦略に合っているか…など、さまざまな要件定義があって、さらに、時流に乗れば人気が出る。その陰には、一発で終わる人もたくさんいるという世界です。

ですから私は、小説でデビューしたい人に対しては、王道戦略のほかのデビュー戦略を一緒に考え実行しますが、これはまた、どこかの機会で。

## すべての本には「ビジョン」が必要

書籍編集者というのは、著者や作家のもっている知見を材料に編集をし、「本の刊行」という、現代社会のビジネスモデルを使って「書籍」の形にし、読者の「価値」に変えていく仕事です。

役割としては、「アイデアマン（企画を考える）」であり、「営業マン（著者を口説いて、本を書かせることをコミットする）」であり、「交渉者（社内で企画を通す）」であり、「文章取り扱い職人（原稿整理から入稿までの編集作業）」であり、「制作職人（校正作業、用紙選び、印刷所発注）」であり、「マーケッター（営業部署と交渉する、著者を動かす）」であります。一番大きいところでいうと、プロジェクトマネジメントのリーダーということでしょう。

出版社に勤める編集者の一連のその動きの中でいうと、現在の私は特に著者と一緒に「出版企画書を作る」つまり「アイデアマン」に集中して仕事をしています。これは、本づくりにおける最初の設計図を作るようなワークです。

「出版企画書」を作る時には、著者の経験・ノウハウ・知見・価値観（思想）・ビジョン

（理想）が重要です。それを知るために、「過去の出来事」を聞いたり、今の活動に至った動機を見つけたり。また、今の実績をどう表現するかも、企画の意図によって変わります。

『3人のレンガ職人』の話をご存知だと思います。

ある人が、レンガを積んでいる職人に「何をしているのか?」と聞きます。Aは、「〇〇地方で採れた素材を使い、高い技術を駆使して焼いたレンガで壁を作っているんだ」と答えます。Bは、「壮大で美しい壁を作っているんだ」と言います。Cは「人々の幸せを祈るための寺院を作っているんだ」と言う。

自己啓発本や子どもの教育シーンなど、さまざまな場面でこのお話は使われており、多くの場合、「Cの視点をもって行動しなさい」つまり、その行動のビジョンをもって行動しろという使われ方をすることが多いです。Aは「ただレンガを積んでいるだけ」。Bは、「ただ壁を作っているだけ」。Cは「人々の幸せを祈るための寺院を作っているんだ」と表現されるものが多いです。しかし、私はAにもBにも意味があると思っています。

著者、専門家であっても多くは、このAとBの視点にとどまりがちです。これが、「知識」「ノウハウ」「実績」です。〇〇地方の素材を使うことの意味や、レンガを焼く技術にも意味があるでしょう。壮大で美しい壁の作り方にもノウハウがあります。こういった話は、レンガ業界の人や、壁を作る職人さんたちには面白い話かもしれません。だけど、これをCの次元までもってくると、もっと広く、多くの人と共感でつながることができます。これが「思い」や「価値観」、「将来の理想」、「過去の出来事」などといった材料です。そして、Cの話を具現化するためのBであり、Aである、という構図になると、一挙にそれらが色彩を帯びてきます。人々への共感性に広がります。

いきなりAの話をされると、専門的すぎてわからないことが多くあります。レンガの質や、産地や、焼き方のコツなど。それがどういう意味をなすのか、どういう価値をなすのかわからないのです。ところが、Cの「人々の幸せを祈るための寺院を作っているんだ」をまっとうするための努力の一環だと理解すると、「○○地方の素材を集めに行く」というこだわりが見えてきます。「神は細部に宿る」という言葉の意味が受け手に届きます。「この地方は冬が寒いので、保温性に優れた素材と焼き方にこだわることで質のよい壁の素材になる」というようなAのこだわり。さらに、そのレンガの積み方は安全で、また威圧感のない壁にする工法が必要になる、というようなBのこだわりがあるから、Cの寺院が具現化するというような構造です。

とある出版社の編集長が「すべてのビジネス書には自己啓発の要素が必要になっている」

と話したと前述しました。それは、こういう意味なのです。かつて情報が少ない時には、「釣りの方法」「冠婚葬祭のマナー」などの実用書が、それだけで売れていました。しかし今は、なぜそれが必要なのか、著者によって目指す理想の世界が違い、読者は自分の価値観に合った著者の本を買います。

Cの部分は、本のエッセンスやベースの思想なので、本の中で大きくページを割いて表現されているものではありません。しかし、このエッセンスがなければ、著者自身が専門家であったとしても、読者側にちょうどこの情報が欲しかったという奇跡のマッチング状態がないと、読者の頭に情報が入りにくい。

多くの人は、レンガの焼き方をいきなり説明されても理解できません。文章を読んでも、ただ記号的に文字が並んでいるようにしかとらえられず、何を言っているかがわからなくて面白さを感じられないのです。

ところがそこに著者の「思い」や「価値観」、「将来の理想」、「過去の出来事」が見えてくると、今までじゃまな砂利にしか見えなかった情報が、美しい景色に一変します。レンガの焼き方や、積み方に興味のない人でも興味をもつのです。

## 1・5歩先の「時代感覚」を見極める

私が若造の編集者だった頃、

「本は、書店で気づいてもらって、手に取ってもらって、それをレジに持っていって購入して持って帰ってもらうのが第一段階」

「買った本を読了してもらうのが第二段階」

「その後その内容から読者が学びを得て行動し、人に紹介するのが第三段階」

と、当時の上司によく言われました。そこまで想像して本を作りなさい、ということです。本の特性を語る意味深い話だと思います。


これだけリアル書店の勢いが弱まったと言っても、やはりマジョリティはリアル書店です。

多くの読者は、「あの新刊を買おう」という明確な目的をもっていなくても、なんとなくモヤモヤっとした悩みがある時――あるいは悩みがなくても――ふらっと書店に行きます。そして、その時に書店に並んでいるカバーデザイン（タイトルと装丁）を見て、「何か気になる」と思い、手に取ります。

つまり、読者は必要な問題解決を書店の店頭に求めていない、ということです。そんなものはとっくにネットや、ネット書店での本の購入で済んでいるからです。読者は、「ヒントを得たい」、「何かを発見したい」、「出会いを求めたい」など、読者自身もまだ回答のない状態で書店に行きます。そして、先述したように、「この本を買うことによって、1・5歩先の未来の答えを自分で見つけられる」と感じる本を買うのです。

1歩では、もう古い感じ、2歩だと早すぎる。タイミングが大事です。

例えば、「うつ病」の本や、睡眠の本は、10年前では、刊行されてもあまり売れませんでした。ところが今は、売れ筋です。

2012年に刊行された自由国民社の『あなたの人生を変える睡眠の法則』(菅原洋平)。当時、睡眠の類書を調べていましたが、睡眠と言えば、この本のヒットが一つ跳ねているだけで、そのほかには目立ちません。その後、睡眠は、NHKで取り上げられるなど大きな話題になります。この本も2023年に『あなたの人生を変える睡眠の法則2.0』として、全面リニューアルして刊行されます。

ですから、書籍の企画を考える時に、時代感覚はとても重要となってきます。ファッションでもそうですが、「ちょっとだけ古い」というのが一番古臭く感じられるからです。逆に2歩以上も先になると専門的すぎて、自分には関係ないものに感じてしまいます。

この1・5歩先の新しさを作るにも、著者の「思い」や、「価値観」、「将来の理想」、「過去の出来事」などがとても重要な材料になります。なぜならオンタイムで今を一緒に生きている著者のクライアントは、読者対象となりうる重要なヒントをもっているからです。

## 「装丁占い師」って何者？

私の知り合いで、出版社の顧問をしている占い師がいます。主に刊行物のカバーデザイン（装丁）を見るのが仕事だそうです。著者の生年月日や本の刊行のタイミングなどの情報を集めてカバーデザインを鑑定し、社長はじめ役員や営業、編集担当者がそのフィードバックを受けて再度デザインを検討するのだそうです。その占い師の顧問契約が続くのは、鑑定した本がすべて予想を超えた売れ行きになっているからだそうです。

その話を聞いた時にはとても驚きました。確かに「売れる装丁」がわかったら最高だけれど、はたしてそんなことが占えるの？　もし占えるのであれば、その占い師はどこの出版社でもひっぱりだこになっちゃうのでは？　と興味津々でした。

実際その人の話すことを聞くと、なるほどと合点がいきました。

「私の言うとおりにするから売れるのではありません。出版社チームの方たちは、各々の才能でものを見ているので偏ってしまいがちです。でも、私がタイトルや帯文、それらの文字色や書体、位置が適切かどうかを鑑定結果の視点から伝えると、自分たちが気づいていなかった検討事項がわかるのです。それを元にチームメンバーが密度の濃い討議を行い、やるべきことを洗い出して実行する。その結果、本が売れるのです」

これは、私の経験からしてもすごく納得できます。

編集者が本を作る時に作成する出版企画書には、どういう狙いでこの本を作るのか。著者の特性、時代の情勢、想定読者がどういう人たちで、何に困っているのか。その人たちにこの本がどう役に立つのか、それをどう表現するのか。そして、どうやって本を完成させ、どうやって読者に届けるのか、といった戦略が書かれています。

このイメージをいかに最初に作っておくかで、その後のクオリティが大きく変わってきます。イメージが固まらないうちに見切り発車をして、作りながら本の中心軸を立てていくこともありますが、いずれにしろその戦略が明確でないと、本に魂がこもりません。出版企画書は、その本にかかわる人々の意識や力を一点に集中させ、関係者の才能をちゃんと目的に向けて集中させるための道具なのです。

出版社の顧問をしている占い師がいます。主に刊行物のカバーデザイン（装丁）を占うのが仕事だそうです。

占い師の鑑定を活用している出版社のクリエイティブチームは、出版企画書を作ってクリエイティブを重ね、さらにその完成度を上げるための示唆を占い師にもらうことで討議を深め、集中力を高めて成果を上げていくのでしょう。

## 情報を印刷して製本して本ができる

「プリンティングディレクター」という仕事があります。

ひと言で言うと印刷のディレクター・司令官の役割を担う人のことです。

印刷業界の中でも、名刺が得意なところ、パッケージ印刷が得意なところ、といろいろあるように、書籍印刷は特別なジャンルです。同じ書籍印刷の中でも、文字ものが得意なところ、フルカラー・芸術印刷が得意なところなど、さらに専門が分かれます。美術書やクオリティの高い写真集などの印刷に強い印刷所には、写真家やデザイナー、絵画家のようなアーティストたちの間で有名なプリンティングディレクターがいることがあります。

私が学校を卒業してすぐ所属した出版社は芸術書を扱っていました。刊行物の定価は高めで、茶器ばかりを載せた4万円の写真集とか、1万円超えの有名デザイナーの作品集などを発行していました。

当時は、出版業界も日本経済も元気だったので、こんな出版物を出せる出版社があったのです。その後、どんどん出版業界も変わりました。会社を退職してから数年後に訪ねたら、その得意ジャンルを受け継ぎながらも、芸術書から実用書にラインナップの中心を移して出版物を刊行していました。

昨今は本が売れなくなっているので、アーティストが自分たちの思い通りに本を出すことは、年々ハードルが高くなっています。しかし、アーティストにとって、作品は命です。本は作品でもありますが、商品でもあります。また、アーティストだけで本を作るわけではなく、出版社とのコラボレーションになります。だからこそ、そこに作家のこだわりとのせめぎ合いが生まれます。

プリンティングディレクターは、このアーティストたちの憧れです。アーティストたちにとって、出版という表現物の領域に入って作品を表現できるというのは、ワクワクすることでしょう。

長年、出版事業と印刷業とは切っても切れない関係にあり、本の文化の発達の歴史を語る上で、印刷の発明は欠かせません。

編集者の仕事で重要なもののひとつに、印刷のコントロールがあります。それがたとえ美術書や写真集といったビジュアル中心の本ではなくても同様です。購入した本の印刷が汚かったり、製本が雑だったりすると、本好きの人でなくてもがっかりするでしょう。損した気分にさえなると思います。

例えば、本の表紙に置くタイトル文字を、天（本の上部）から30ミリに置く、というレイアウトを指定しても、印刷が下手であれば、その位置に文字は置かれません。また、下手くそな印刷だと、そもそも色がよく出ていないとか、色が一定しないでムラがあったり、かすれたりすることもあります。

文字ものの本（棒組み本）の場合、多くは文字をスミ（黒）１００％と指定して文字を印刷します。しかし、風合いを重視する文字の本（小説や詩集など）は、文字の色をちょっと青みがかった色、ちょっと緑がかった色などという「特色」という色を使って刷る場合があります。ですから、印刷所がその色をもっていないなど、一緒にクオリティを高めるためのコンセンサスがとれていないと苦労します。

余談ですが、私の大好きな『印税で1億円稼ぐ』(千田琢哉／あさ出版)の本文デザイン(レイアウト）は、本の下部（地）に横の線（罫線）が置かれています。この本を買った方は、ぜひこの罫線に目を留めて、パラパラ漫画のようにページをめくってみていただければと思います。罫線がほんの少し上下に揺れるでしょう。これは、一度に何千部も印刷し、紙を断裁して製本する工程でどうしても生じてしまう現象です。全ページの罫線がきっちりと同じ場所にあり、1ミリの誤差もない本を作るのは不可能です。私も手元にある本でパラパラしてみましたが、揺れるとはいえ、わずかなもの。こんなに精緻に本ができるということに感動してしまいます。

今はデータで版下を作りますので、校正紙（ゲラ）もカバーデザインも印刷所に渡す前にかなり仕上がりのイメージに近い見本をしっかり確認することができます。

かつては手書きのレイアウト指定を印刷所に持ち込んで校正紙を出してもらっていました。ですから、印刷所から出た校正紙を再度印刷所に戻すまでの時間が充分にない時には、「出張校正」といって編集者や著者が印刷所に行って刷り上がりを待ち、校正をしていました。今でも文字校正は、出版社のＤＴＰオペレーター（組版デザイナー）が出力しますが、色校正は印刷所に出してもらう必要があります。

本の企画（内容）によって、印刷・製本のクオリティの求め方はまったく違います。原稿の中にある図版をカラーで印刷するのか、モノクロにするのか。あるいは、同じ写真集であっても、どのくらいのクオリティで印刷をするのか、商品企画の狙いによって変わってくるからです。クオリティを高くすればそれだけ売れるというものでもありません。どのくらいの費用をかけて何冊作るのか、定価はいくらにするのか。原価収支表を作りながら出版企画（戦略）を考えます。

編集者は、どの写真を選んで、どんなトリミングやデザインで表現するのかを考えます。棒組み本の場合は、この辺りで編集者の制作関連の仕事は終わりに近づきます。カバー刷りの「色校正」を取って印刷の調子を確認し、「これでＯＫ（校了）」と承認すると、印刷にかかります。

しかし、美術書や写真集、レシピ本などの編集者はここからが本番です。作家（著者）と一緒に印刷所に行って、刷り出し（インクの配合をした上で試し印刷したもの）を見て調整をしていきます。この際に活躍するのが冒頭に登場したプリンティングディレクターです。編集者の要望を細かくくみ取り、それを実現するための方法を提案し、具現化するのです。

## どうして在庫が切れても増刷しないのか？

本を買おうと思って書店に注文しても品切れだとか、絶版になっていて手に入れられない。そんな経験をしたことはないでしょうか。

著者からしてみれば、本の在庫がなくなれば当然増刷してもらえるもの、と思っているかもしれません。しかし、初版時に損益分岐点を考えて本を刷るように、増刷時にも当然、損益分岐点があり、それを考慮に入れて増刷するかどうかを決めます。増刷時は、初版（新刊）時に比べると損益分岐点は低くなります。なぜなら、初版時には人件費、デザイン費、校正費など、「版」を作るまでのお金がかかりますが、増刷時にはかからないからです。

にもかかわらず、以前に比べると出版社は本の在庫がなくなっても増刷しない判断をするケースが増えているように感じます。しかし、多くの出版社は「品切れ」状態のままにしておき、「もうこの本は刷りません（作りません）」という絶版宣言をすることはまれです。なぜなら、版権とは権利ですからもっておくのに越したことはなく、手間をかけて放棄する必要はないからです。ちなみに「絶版」とは、本の基本部分である「版」を版元で絶つことからこう呼ばれます。

例えば、売れ行きが止まってしまっていて、もう増刷もしないけれど、品切れ状態をそのままにしている本があるとします。ところが、その著者がテレビ番組に出ることになったとか、その本がドラマ化・映画化されることになった、となれば、緊急重版！　増刷配本（配本というのは、原則、初版時のみ）もしておく？　などと、にわかに色めきたちます。出版社からすると、「絶版にせず版権をもっておいてよかった！」と思う瞬間でしょう。

私が新卒の頃に、「昔、本はお札《さつ》みたいだった」と言った上司がいました。売れる本とは、まさにそういう感覚なのでしょう。どんどん注文が入って、どんどん印刷所に発注して流通に乗せればお金になりました。ベストセラーがたくさん出た時代は、そういう感覚だったのです。いまでも「作家になったら印税生活でガッポガポ」とからかわれるのも、この頃の名残があるからでしょう。

しかし、注文が来たからといって調子に乗って無計画に刷り、市場に流していると痛い目に遭います。日本の書店流通には返品制度がありますから。今ではだいぶ計画的に増刷するのであまり聞かなくなりましたが、その昔には「ベストセラー倒産」などという言葉もありました。

ある出版社から出した本の売れ行きがよかったとします。書店は当然売れ筋の本を店頭に並べたいので出版社に注文を出します。ただ、日本の出版のシステムでは買い切り注文（書店がその本を買い取って注文したものを必ず全部売り切らなくてはいけない仕組み）ではないので、出版社が全部のオーダーに応えて安易に増刷を繰り返していると、後から山のような返品が来ることがあるのです。例えば、「注文したけど、思ったより売れなかったよ」と言って1000店の書店が10冊ずつ返品をしたら、1万冊の返品になってしまいます。出版社は在庫の山となるでしょう。ですから出版社の営業は、書店からの大きな注文には「本当にそれだけ売ってくれるの?」と、疑いをかけます。時には「減数」(30冊の注文に対して20冊で応じるとか)して出荷するといった駆け引きもします。

## 電子書籍と紙の本の役割は?

最近は、紙の本ではなく電子書籍を購入する人も増えています。紙の本より少しですが価格が安く、場所も取らずに持ち運びがラクなど、さまざまなメリットがありますが、私はまだまだ紙の本の時代は続くと考えています。

音楽をデジタル化できるようになった時、音質が変わってしまうデメリットはあったものの、音楽を楽しむ利便性は大きく変わりました。その一方で、書籍のデジタル化、電子書籍の普及が音楽業界ほどのスピードで進まないのは、形状の違いがあるのも一つの要因だと思います。印刷・製本された「本」としての形状――マテリアル――があるものと、パッケージ化されているとはいえ、パソコンやタブレットに入っているものとでは、本を読む上での身体感覚が違います。

もし、世界が電子書籍だけになったら、印刷はいりません。プリンティングディレクターも必要なくなるでしょう。配本や返品もありませんし、絶版もなくなります。出版社と書店の駆け引きもなくなって、とても合理的です。合理性の観点だけでいえば、「この期に及んでなぜ紙の本が必要なの？」と言われても不思議はありません。

本は、その制作工程にも、製造工程にもたくさんの人が関わります。その工程の中で、クオリティを上げ、ミスをなくすことに対してかなり力が注がれます。そのため、出版物のクオリティは高く保たれています。また、真実の情報がそこにあるという信頼感が文化の中で形成されています。反対にインターネットの記事は、間違いがあれば簡単に修正できたり、問題が起これぼサイトを閉鎖したりもできます。

しかし、出版物はいったん発行されたら、物理的に配本された本に修正を入れることは不可能です。大きな事故があれば、書店から引き上げる。つまり「回収」をすることもありますが、それはまれなこと。そのくらい出版物にはクオリティが求められるのです。いたずらに紙の本を信仰する必要はありませんが、そこに本としての形がある安心感の存在が否めないのは、本ができるまでの工程にこんな背景があるからかもしれません。

関わる工程、関わる人の数の分、そして、各人のこだわりの分だけ、いや応なしに魂が込められているのが本なのだと思います。

一般の人はこういう詳しい工程までは知らないかもしれませんが、出版業界の人たちが戦々恐々と細心の注意を払ってこの工程を踏み、本を刊行していることは空気で感じているのではないでしょうか。それが、本に対する尊敬や畏怖や憧れにつながっているのかもしれません。

## 優れた著者は読者の反応を見越している

私にはお気に入りの5食入り袋ラーメンがあります。普段の生活ではインスタントラーメンを食べる機会が案外少ないので、たまに食する時は、ワクワクします。ネギを刻んだり、海苔を用意したり、ワカメに焼き豚に…と、妄想はしますが、たいがいはその場にある具材で済ませてしまいます。

その日もその5食入りラーメンを包む外袋から、個包装された袋をひとつずつ出していたら、突然「はずれ」の文字が目に飛び込んできました。ハガキほどの大きさの紙に大きくて太い文字で「はずれ」と書かれています。

「なに？　なに？　私はいったい何にはずれたの？」

そこには、かわいらしいキャラクターが頭を下げ、「ごめんね」と言っているイラストまで描かれています！

なんで、人が楽しみにラーメンを食べようとしている矢先に、「はずれ」なんて言われなくちゃいけないの？「あなたの買ったこのラーメンははずれだよ！」と言われた感じです。しかも、「ごめんね」のダメ押し。

外袋をよく見ると、「抽選で5万名に、その場で△△(食品)が当たる！」と書かれています。

そもそもこのラーメンは私のお気に入りですので、売り場で見つけたらくじがついていようとなかろうと買います。もし私が注意深かったら、その時に、「お！　今回はこんな抽選もあるのね」と気づいて、当たればラッキー！　と思ったかもしれません。その上で「はずれ」が出てきたら、「まあ、そんなもんでしょ」と思うだけでしょう。メーカー側に非はありませんし、戦略は間違ってはいません。

でも、逆の立場で私が提供者側だとすると、「ユーザーは勝手なものだ」と勉強になります。勝手に期待して憤慨したり、今回も勝手に見落としておきながら、勝手にがっかりしたりしています。

メーカーに非がない分、ユーザーのがっかり度は高い。自分が悪いのですが、せっかく楽しみにしていたラーメンから「はずれ！」と言われる。「ごめんね」と言われる悲しい気持ち。

何かを仕掛ける場合は、そういうマイノリティの勝手な人たちのことを頭の片隅に置きながら最善を尽くす必要があると感じます。

著者と編集者のクリエイティブ陣も同様です。「見落としたユーザーが悪い」と、オールオアナッシングで切り捨てることも、このユーザー様にも満足度を高める必要があったとオロオロする必要もありません。

『作家になれる人、なれない人』（きずな出版）という本があります。著名なベストセラー作家 本田健氏とベテラン名物編集者 櫻井秀勲氏の共著です。

この本の中に本田健氏が、処女作の刊行前に読者の反応を何度もシミュレーションしていたという話が出てきます。この話をすると、たいてい読者は「こんな著名な作家でも!?」と驚きます。

私の経験では、活躍している著者・作家ほど繊細で、細部にまでこだわりをもちます。他者の反応に敏感であることは、優れた才能でもあります。しかし、読者やユーザーというものは、私が5食入りラーメンの袋に入っていた「はずれ」の紙にがっかりしたように、彼らの人格や才能、リテラシーと関係なく、わがままで無責任な感覚をもつ生き物です。

ですから著者側は、読者の反応に一喜一憂したり、振り回されたりせずに、読者をエンターテインメントの世界に文句を言わさず連れていく「強さ」が必要です。自分の世界に問答無用で引っ張り込み、そこで「楽しかった」「面白かった」と心を動かしてもらえたらこっちのものです。

ところが著者も人間であり、クリエイターでありますから、思いを込めれば込めるほど読者の反応が気になり、客観的・合理的判断ができません。

本田健さんはそのことを充分にわかっていました。何度もシミュレーションをしたのは、単に自分が傷つきたくなかったから、という話ではありません。読者の反応に対して心が平静でいられるように、そして自分が著者としての責任を果たすためだったのです。

『結果を出し続ける人が朝やること』（後藤勇人／あさ出版）は、2016年に刊行されたロングセラーです。ほとんどの人が一日の始まりである朝をルーティンで過ごす中で、「意識的に何をするか」を決めなさい、と説きます。

この本では、冒頭一章に「最高の自分であり続ける朝のワーク」という章タイトルが来ています。そして、最初の見出しに「今日一日うまくいくと決めてしまう」と続きます。

思うに、多くの人が「最高の自分であり続けよう」と宣言することなく生きていると思います。「最高の自分でいたいか?」と聞かれれば、「最高の自分でいたい」と言う人はいるでしょうが、この言葉をいつも意識している人はどのくらいいるでしょうか。最高の自分であり続けるために、「今日一日うまくいくと決めてしまう」ことを実行している人がどのくらいいるでしょうか。本当に少ないと思います。

この本の勝因は、こうやって「言葉」に意識を集中させていることです。問いを立てて投げかけることで、読者がそのことに意識を向けられるようにしているのです。この言葉を読んで納得してもらうために、装丁も、タイトルも、著者のプロフィールも意図をもって仕掛け、全力で読者を誘《いざな》う。それが編集の仕事です。

そんな方向性でクリエイティブしていこうと編集者が決定できるのは、著者がもっている確かな源泉があるからです。この本の著者は、事業家と著述業の二足のわらじを履く後藤勇人氏です。この本には、直感的かつしなやかな事業活動をしている彼のオリジナリティがとても出ていると感じます。

この本のアマゾンレビューには「わかりきったことを書いている」「やることがたくさんありすぎ」というような文句、不満も書かれています。しかしこれも後藤氏に言わせると思惑通りの反応なのでしょう。仕掛け通りに運んだということです。なぜなら、わかりやすく作っているのだから。むしろ読み通りです。著者たるもの、いちいちそんなレビューに惑わされてはいけないのです。

もちろん、読者の言葉を謙虚に受けとめなければならない部分もありますが、やみくもに受け入れる必要はありません。全体戦略に立ち返り、冷静に意見をとらえて次につなげていけばよいのです。

## 本の出版で傷つく人、活躍する人

多くの著者と接している中で私がよく感じるのは、たくさんの著者が傷ついているということです。このような読者からのフィードバックもそうですし、思ったより本が売れない、出版社が売ってくれない、編集者が横暴、編集者とのやりとりに心が折れる…などなど。

その一方で、相当に困難なロードを乗り越えているのに、いつも立ち直り、前に進み、結果、多くのメディアに出て活躍したり、本を次々と出すようになったりする人もいます。

どう違うのでしょうか。

傷ついてしまう人は、情報不足。そもそも、出版業界に関する情報をもっていない。あるいは情報をもっていたとしても偏っていたり、間違っているように思います。

出版するなら、大手出版社でないとダメだと思い込んでいたり、自分のことを100%理解してくれる編集者じゃなければダメだと決めていたり。

でも、出版社には特徴がありますし、その著者の企画は、専門出版社の方がマッチするというケースもあるでしょう。また、編集者は、先生や恋人ではありません。出版企画を通じてつながり、仕事をするためにタッグを組むパートナーなので、著者のことを全部わかっている必要はありません。

ほんの一例ですが、こういったことを「知らない」がゆえに、傷ついてしまうのは、とてももったいなく思います。

では、どうしたらいいか。私は継続することだと思います。出版をあきらめない。著者の方によって、計画がありますから、3年頑張ってみようとか、5年頑張ってみようなど と、期間を区切ることもいいとは思います。ただ、ご縁もあるし、出版は期間限定のことではなく、ビジネスパーソンとして活動していれば、著述家活動は、本業と並行して活動していい。むしろ、本業の成果も上げるような活動です。

なので、傷つくことがあったとしても「止める」という決意をするのではなく、継続して取り組むのが、成功への一番の秘訣だと思います。

継続は資産。焦って得た知識より、情報をじっくり吸収して、自分ならではの「出版業界」のとらえ方、自分ならではの出版企画の極意を身につけた方が成果が上がりやすい。そこまで取り組んでいることは、スキルも、知識も、著者自身の「資産」になっているわけですから、止めないで毎日少しずつ進化していったらいいと感じます。実際、本を出し続けて成功している著者たちは、そんなスタイルになっています。もう、本を出し続けることが習慣になっているのです。

とある、すでに複数冊の本を出している著者の話です。私の話す「著者が主体である」という話に感銘し、私が提供しているトレーニングを受けて新刊を出しました。

出版後、彼が私に語ってくれたのは、「今回の本を書くことで、自分が何のために生きてきたのかわかった」ということ。そして、「今まで書いてきた本は、読者のレビューが怖くてしょうがなかった。しかし今度の本は何を書かれてもまったく平気だ」と言うのです。

今までの本は、出版社から注文を受け、編集者の指示にしたがって書いてきた。自分主体で書く方法があるとは知らなかったから、いつも、「これでいいの？　合っているの？」と編集者の顔色をうかがい、読者の顔色をうかがって書いていたのだそうです。ところが今回の本は、自分が心の底から伝えたいことを読者に知ってもらうために、編集者の手を借りながら一生懸命表現したと言います。その結果、これまでの本とはまったく違う完成度の高い本ができあがりました。

何しろ自分が本当に言いたいことを伝えるわけですから、読者に対して責任があります。それを解釈しきれずに批判を書いてくる読者もいます。しかしその読者も含めて、自分の思うことを伝え続ける努力をするのが自分の使命だと確信した、と話してくれました。

自分が主体であると自覚し、オピニオンリーダーとしての覚悟が決まったことで、懐の大きさや器、気持ちのもちよう、信念の強さが変わったのですね。

自らが主体となった「軸のある著者」は、そんな風にどんどん前に進んでいくのです。

## 印税で稼ぎたいですか？

先にも触れましたが、『印税で1億円稼ぐ』という本があります。今から10年ちょっと前、2013年に刊行された本です。

私は、著者を目指す方、刊行を続けたい方向けにセミナーやコンサルをすることも仕事にしています。その受講生さんたちにいくつか課題本を推薦していますが、この本は、そんな方たちに読んでいただきたい筆頭本として絶賛している一冊です。私は出版当時からこの本にほれ込んでおり、もし出版社さんが「もうこの本は刷らずに絶版にする」というようなことになったら、版権をもらってでも刊行し続けたいと思っているイチ押し本です。

「億万長者」という言葉が示すように、「1億円」というフレーズにはお金持ちのイメージがあります。私個人の感覚としては、この本が刊行される少し前、個人でもフリーランスや起業する人が増えてきた頃に「1億円」のフレーズを入れたタイトルが増えたと感じています。その後、「年収２０００万円でも幸せに生きる」といった反対方向の本も出てきましたが、現在でも「動画で1億稼ぐ」「年収1億円思考」とか「億り人になる」など、「1億円」の単語が入ったタイトルは、さまざまな角度で刊行されています。

『印税で1億円稼ぐ』というタイトルからは一攫千金《いっかくせんきん》を実現するための本のイメージがありますが、主旨はむしろ真逆です。目次には、「1冊で１００万部より、１００冊で１００万部を目指す」「10万部突破の最大の報酬は、10冊分の執筆依頼」などの見出しが並び、「成功するには、バッターボックスに立ち続けることが大切」「１００万部売れる本を目指すのではなく、1万部売れる本を１００冊作ることを目指せ」などと書かれています。すばらしい本だと思います。

最近ではかなり減りましたが、「本を書く」というと知人に話すと「印税ガッポガッポで左うちわ」とか、「重版かかって濡れ手に粟」など、イージーなイメージのフィードバックを受けるという人はいます。言っている当人に悪気がなくても、出版を目指して夢を育てている人は、こういう無責任なドリームキラーの言葉にやられてしまいがちなので、夢を語る相手には気をつけた方がよいと思います。

この本には、「楽をして稼ぎたい人は、ぜひ他の道で成功することを祈る。／その反対に書くことそれ自体に幸せを感じることができ、その結果、3倍働いて2倍稼げれば御の字という価値観の人には(本を出すことに：注 筆者)向いている」とあります。これは、『書く』ことは、自分の思考を社会に発表して貢献すること。だから人の3倍は働くが、2倍稼ぐ以上の価値がある」ということ。出版を目指す皆さんには読んでほしい本です。

そのほかにも、うちの受講生の方や、大学の講義でおすすめしている書籍や、作品をちょっとシェアします。この本のほかの項でも、いろいろな本を取り上げていますが、その中では書ききれなかったものをあげてみました。

**【書籍】**

『返品のない月曜日――ボクの取次日記』(井狩春男／筑摩書房)

書店・取次業界のエッセイです。1989年刊行の古い本ですが、読み物として色あせず、面白く読めます。時代が変わっているとはいえ、このような出版業界の背景から今があると知るのに大変参考になります。

『本を出したい』（佐藤友美／CCCメディアハウス）。

今まで、出版するためのビジネス書は複数出ていますが、ここまで誠実に、ここまで丁寧にテクニックを伝えている本ということでは群を抜いています。2024年刊行の最新本。

『1分で話せ　世界のトップが絶賛した大事なことだけシンプルに伝える技術』（伊藤羊一／SBクリエイティブ）

企画書を書く、原稿を書く際の、「論旨構造」を決めるバイブル本。

『楽しく学べる「知財」入門』（稲穂健市／講談社現代新書）

「知財」＝著作権、商標権、特許権、実用新案権、意匠権など主な「知的財産権」の入門書。「知的財産」はどうやって価値を見出すのか。社会的にどう位置づけるのかがわかる本。

**【書籍＋映像作品】**

『プラダを着た悪魔（上・下）』（ローレン・ワイズバーガー／ハヤカワ文庫）

今は、ビジネスモデルが変容し始めていますが、「雑誌ビジネス」の世界を描いた本。

アメリカも日本も類似する出版の世界です。『校閲ガール』と一緒に鑑賞するとさらに面白いです。

『校閲ガール』（宮木あや子／KADOKAWA）

校閲・校正者のお仕事小説。本を完成させるまでに、制作陣がどんな配慮をしているのかがわかります。ディープな校正者たちの世界だけでなく、著者として、「表現する」「伝える」ためのクリエイティブ思考のヒントになります。

『騙し絵の牙』（塩田武士／KADOKAWA）

原作も映画も人によって受け取り方が違うのですが、「著者」「編集者」として、メディアをどう使うのか、どういう戦略を仕掛けるのかのヒントや、業界にはいろいろな策士がいることの参考になります。一歩進んで、著者側も策士になっちゃえばいいでしょ、という意味でおすすめしたいです。

## 知っておきたい著作権の話

出版業界の人でなくても、「印税」という言葉を知っている人は多いと思います。「印税」

と書きますが、税金ではありません。出版社が著者の「著作物」を刷らせてもらう、頒布させてもらう対価として払う対価――金銭のことです。

印税の説明をする時に同時に触れたくなるのが出版契約書です。著者になりたいのであれば、出版の権利のことも知っておくとよいでしょう。

この契約書についてお話しします。

出版社が「うちはこんな本を刊行したいから、こういう原稿を書いてください」という依頼をし、著者が「はい、その要請に応えます」という約束をする。そこで契約が成立します。約束をしましたよ、約束を守ってねということを書類にしたのが出版契約書です。

出版契約書は、著作権者と出版権者との約束を決めた書類です。著作権は著者、出版権は出版社がもちます。

著作権とは「著作物」を創作した者（著作者）に与えられる、自分が創作した著作物を無断でコピーされたり、インターネットで利用されたりしない権利です。

出版権とは、著作財産権の一種であり、複製のうち出版行為をコントロールできる権利（著作権法79条、80条等）。「版権」ともいいます。

いずれも目的は「文化の発展」です。実態は権利が強すぎて作品が広まらなかったり、権利を軽視されて作家（著者）の人権が侵害されたりしていることもありますが、誰に著作の権利があり、誰に版権があるかがわかるので、第三者が「使用したい」と思った時に手続きが簡潔になって広まりやすいメリットがあります。誰が権利をもっているかわからないと、使用するのは危険なのでやめておこうという動きになるからです。

書店でメモをしたり、写真を撮ったりして書店員さんに注意されたことはありませんか？　最近は、書店店頭の平積み（台の上に表紙が見えるように積み上げること。平置きとも言う）や（表紙が見えるように棚に立てかけて陳列すること。面出しとも言う）で展開している様子をSNSなどに投稿することが販売促進にもなるので、OKしてくれる書店も多くなりましたが、デジタル万引きとも呼ばれるこの行為がいけないのは、これが出版権に抵触するからです。

古い本を見ると、本の奥付（本の終わりにある、書名、著者名、発行元、発行年月日などが記載されているページ）に、判子を押した小さな別紙が貼ってあるものがあります。この紙を「検印紙」といいます。これは本の著者が制作部数を確認するためのもので、版元が著者に内緒で勝手に印刷してしまわないように管理する制度です。この制度は1959年に廃止されたため、今では、「検印紙」の貼ってある本を見ることはありませんが、現在でも奥付に「検印廃止」と記載している出版社もあります。

出版契約書は著者と出版社の権利を明示する大切な書類ではありますが、出版業界の慣習として、本の刊行プロジェクトに取りかかる前ではなく、本を印刷する前に出版契約書を交わしたり、さらには、出版契約書がない出版社もあります。

契約が最初に結ばれない理由としては、依頼の時点、スタート時点で発行部数が決まらない（決めない）ケースがあるからです。決めないからダメということではありません。その出版社のビジネスモデルや案件によって戦略が違うのです。発行部数が決まることで全体予算が見えるので、その時に印税率が決まるケースもあります。

こういう話をすると、「出版業界はなんていい加減なんだ！」とお叱りを受けることがあります。もちろんそれらをあらかじめ決めてからスタートさせることは大切なことですし、正論ではありますが、ただ責めるだけではチャンスを逃します。なぜ出版業界がそういう慣習になっているかを知ることで、著者の取るべき対策が見えてきます。

秘境の温泉に行く場合、周辺にコンビニや娯楽施設がないことは折り込み済みで行きますよね。実際に行ってみて「コンビニまで車じゃないと行けなかった、不便！」とか「温泉のほかに遊ぶ場所がなかった！　カラオケもないし」などと憤ることはないでしょう。もしそういう人がいたら「あらかじめ調べておかなかったの？」と言われてしまうかもしれません。出版も同じです。出版業界のことを知らずに自分の常識の範囲内で判断して、怒ったり、悲しんだりせず、自分なりに知識を入れておきましょう。出版契約書の話は、また後ほど詳しく。

## では、印税とは?

出版契約書の一番の目的は、著作権者と出版権者の約束事です。出版社によって微妙に内容は違いますが、書籍を刊行する出版社の業界団体、一般社団法人日本書籍出版協会(書協)が推奨している出版契約書を基本に話をしていきましょう。

契約書では、まず誰が権利をもっているかを明らかにし、「その権利を使用するので、著作権使用料として定価の○%の印税を払う」としています。そのほかにもいろいろな条項がありますが、その中で著作権者(著者)は、「誰かの真似をしたり権利の侵害をしたりしていないこと」を保証させられます。また、「校正について著者が責任をもって行うこと」など、著作権者の仕事についても記載されています。

著者は自分の原稿の質(権利の使用、つまり引用に間違いがないとか、権利侵害のない原稿であるとかを含め)を担保します、校正も自分でします、そして、タイトルや装丁などについても一緒に考えます、ということが出版契約書に書かれています。

ところが、これらの仕事――校正やタイトル決め、装丁デザインなどに関して――は本来、著者の仕事ではあるものの、著作者の意向の上で編集者（出版社）が行い、最終決定は出版社が行うのが一般的です。なぜなら、出版に慣れている著者は少なく、著者に任せることが合理的ではないからです。そういった理由もあり、著者が出版契約書についてわかっていなくても制作は進みます。

私の仕事は著者になるための育成事業です。どうしたら著者にこれらのことを理解してもらえるかという観点で説明をしたり、教材を開発したり、コンテンツ開発を行っています。約10年に渡ってオタクのように日夜研究を続け、教材を開発して、「わかりやすかったです」「ようやく理解できました」と言ってもらっています。しかし、著者に理解してもらえるのは、ほんのごく一部でしかありません。これほどに難解なことを、出版社の編集者の説明だけで理解するというのは現実的ではありません。逆に、編集者が著者にわかってもらえるように、説明に時間を割くことが合理的ではないとも思っています。編集者の貴重な能力を、著者が最低限知っておいてほしい情報の伝達の時間に使うのはもったいないです。

私が出版社に勤務していた時に思ったのは、著者と出版社の理解のギャップが山ほどある中で、「著者が今よりちょっとでも出版の仕組みを理解してから著者になってくれていたら、もっとよい本ができるのに」ということでした。編集者は、企画する・編集する・制作することに専念したい。今の私が出版コンサルタントの立場になったのは、編集者には、企画・編集・制作に専念してもらいたいと思ってのことでもあります。

出版社側の立場では、「原稿を書いてください」と依頼した時点で、著者が契約書の意味をわかっていれば、契約書を結んでもいいでしょう。しかし、編集者は、自分の希望するクオリティを担保する原稿を納品してもらえるかどうか未知な時、「ちょっと書いてみていただけますか」とサンプル原稿を要求することがあります。それがイメージしているものと違ったり、ある程度の水準に達していなかったりすれば、先に進めません。著者の中には「原稿を書かせておいて支払いがない」と憤る人もいますが、出版社の立場からすれば、「書きます」と約束したのに、そのクオリティもイメージも守られていなかったという言い分になるでしょう。

このように、編集者もトラブルのリスクを避けるために、ある程度のリードをしますが、著者も編集者の意図をくむ努力が必要となります。

私が著者側のアドバイスに入る時には、著者の望んでいることを探り、やる気をなくさせず、無駄な作業をしなくてよいように、編集者との駆け引きを助言しています。

「出版」というプロジェクトに取りかかる前に出版契約書を結ばなかったり、印税率について取り決めなかったりすることはよくあることだと言いましたが、だからといって出版社の言いなりになることがよいわけではありません。著作権者としてしっかり「出版プロジェクト」に参加するには、このような背景を考慮した上で、よいタイミングで、例えば「(御社は) 出版契約書のタイミングっていつ頃ですか?」とか、「印税の率はいつ頃決まりますか?」などを聞いたらよいのではないかとアドバイスをしています。

印税(率)も会社によって大きく違います。「新人は2%」が決めごとの出版社があったり、「初版は一律4%」の出版社があったり、発行印税（刷った分だけ払う）や実売印税（売れた部数に対して払う）で支払うなど、さまざまです。支払うタイミングも、会社によってまちまちで、翌月払いや翌々月、中には8か月後の支払いなども聞いたことがあります。

著者、特に初めて本を出そうとしている著者はとてもデリケートになっていますから、自分の本の印税が低いとか、支払いのタイミングが遅いとか、なかなか契約の話をしてもらえないということで、「自分は軽んじられているのではないか」と悲嘆に暮れたり、憤慨したりする人もいます。

出版社は本に投資をして本を作ります。「この本は売れなくてもいいや」と思っている出版社は一社もありませんし、そんな編集者も一人もいません。前述したように、本が売れなければ、会社は存続しないからです。編集者とて、著者に対して充分な印税やタイミングで交渉した方が楽なのは自明です。しかし、なにぶん出版社の規模も、会社の成り立ちや社風も違えば、取次との条件も違います。そんなせめぎ合いの中で、さまざまな条件が決まってくるのです。また、その企画の規模で予算額が決まります。決して彼らが著者を軽んじて判断しているわけではないことを理解して仕事をすると、よい関係が築けます。

一般的に、小さい出版社の方がもろもろの条件は低くなる傾向があります。しかし、大きいからよいとか悪いとか、小さいからよいとか悪いとか、有名だから、新しいからどうということではありません。最終的にはご縁だと思います。売れっ子著者の間では、中小出版社さんと本を作ることを推奨している人も多くいます。大きい会社だと、新刊の数も多いため、どうしてもアイテムのひとつになりがちですが、中小の出版社は一冊一冊に懸命になってくれる傾向があるからでしょう。

いろいろ書きましたが、ほんの少し余裕をもって出版社を見てもらった方が、結果的に著者の思いは通じるのだと思います。決して言いなりになる必要はありません。出版社の事情を知った上で、どう討議していくか。そのためにも、出版のビジネスモデルを知っておくと、「出版」というイベントを活用しやすいと思います。

## 人間が生きるとは、生み出すこと？

紙の書籍はエコではないという人がいます。なるほど、紙を作るためには森林を伐採しなければなりませんし、インクを作ることは、はからずも環境汚染につながるでしょう。先に出版社の倉庫に積み上げられた返品の山について触れました。山となった書籍はどうなるかというと、その行く末は断裁で、編集者にとってまさしく断腸の思いです。そこに追い討ちをかけて「もったいない、自然環境にやさしくない！」という批判も脳裏をかすめます。あんなに一生懸命手間も時間もお金もかけて作った本を断裁しなければならないなんて、はたして編集者の仕事とはなんなのでしょうか。

編集者は、売れる本を作ることが仕事です。読者の関心を引くテーマを考え、買いたくなるような切り口や表現を選び、それをタイトルや装丁を含めた作品（商品）に落とし込んで、本として完成させます。

本が作られてからどのような流れで書店に並び、読者の手元に届くのか、ここで、出版流通の仕組みについて簡単に説明します。

日本の書店の多くが、新刊時に委託配本を受けて、どの本が回転していくかを見定めながら、本を売る方式をとっています。

書店と出版社の間には、いわゆる本屋さんの問屋さんの役割を果たす取次会社（取次）があります。いくつかある取次の中でも大手で有名なのが日販（日本出版販売）やトーハンです。本はこれらの取次を通して全国の書店に運ばれる仕組みになっています。

新刊が出ると、取次は長年のデータと経験から、どの本をどの書店に何冊送るかを決め、書店が注文をしていなくても「この本を店頭に置いて売ってみてください」と自動的に配本します。この時、ルールとして「売れたら、また注文してください」「売れなかったら返本してください」と、書店に販売を委託しています。これを「委託制度」といいます。

ちなみに、本の流れには、委託制度のほかに「注文」があります。「注文」は、文字通り書店が、「この本をうちの店に置きたい」と注文して本を受け取る方式です。

「どの本が回転していくかを見定める」ということについて、もう少し詳しく説明していきましょう。

当然ながら、編集者は本を売りたいと思っていますので、取次に「多く配本してほしい」と考え、営業に交渉をしてもらいます。その際に必要なのが、本のデータやゲラといった、

〈書店で回転する〉

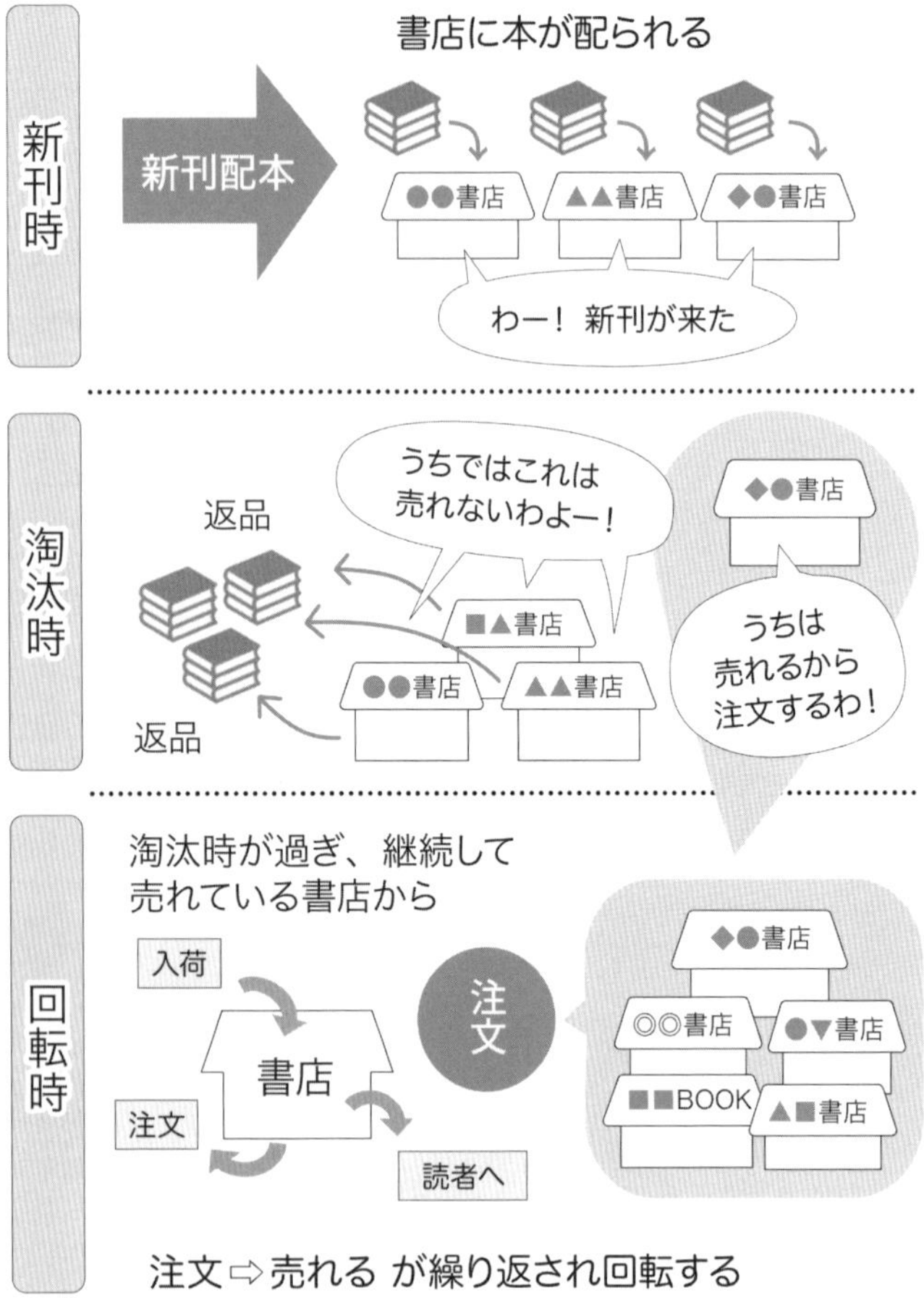
新刊時
書店に本が配られる
新刊配本
●●書店
▲▲書店
◆●書店
わー！ 新刊が来た
淘汰時
返品
うちではこれは
売れないわよー！
■▲書店
●●書店
▲▲書店
返品
◆●書店
うちは
売れるから
注文するわ！
回転時
淘汰時が過ぎ、継続して
売れている書店から
入荷
書店
注文
読者へ
注文
◆●書店
◎◎書店
●▼書店
■■BOOK
▲■書店
注文⇨売れる が繰り返され回転する

本を印刷する前の情報と、その資料です。その本がどんな本で、どういう人をターゲットにしていて、誰が書いていて、その人の過去の実績はどれくらいで、類書はこんな本がこのくらい売れているから、これくらい売りたいと思っている…という資料を作り、出版社の狙いを伝えます。

この時点で編集者と著者がどう売り広げていこうとしているかの打ち合わせが濃密にできていると、取次にプレゼンする資料も充実し、よりたくさん配本ができるようになります。また、出版社はその資料を元に事前に書店から注文を取り、その伝票を材料に「ほらほら、これだけ書店が注文してきてきているんですよ〜」と取次に配本を促します。

こんな風に配本を促すのは、多くの人の目に触れる可能性を高めるという点では正しい方法です。ところが、店頭に並べれば自動的に本が売れるわけではありません。本を売る要件として、「人の目に触れなければ本は売れない」は正しいですが、「人の目に触れたら本は売れる」ことはありません。逆は真ならず。売れるように作られていない本は、どんなに人目に触れても売れないということを、書店員さんたちは当然わかっています。書店の売り場面積は限られていますから、そこに売れない本を置く余裕はないのです。

こうして、日本に現在約8000店ある書店（2023年現在。2000年時点では約2万1千店でした）に、取次から送り届けられた本が並べられ、書店員さんたちが工夫しながら売る。そして、売れなかった書店からは本が返品され、売れた書店は再注文（補充）します。

これを出版社側からいうと、今月出た新刊本の中から、どの本が回転するか、つまりどの本が売り伸びるかを見定め、売れない本は終息させ、売れる本はより売り伸ばすために補充する、ということになります。

## 本の流通業界独特の「返品制度」

多くの物販の場合、メーカーから問屋が仕入れ、それを小売が仕入れます。小売りは、「仕入れたものは売り切ります」というルールです。しかし、日本の本の流通は、先述の通り委託制度になっています。これに加えて再販制度（再販売価格維持制度）というルールもあります。これは、本の定価は出版社が決め、その価格を小売は変更できないというもの。

出版社が決めた価格で本を店に置かなければならないのです。

では、本が売れなかったら、そのリスクは誰が取るのでしょうか。

それは出版社です。

出版会議で、「これは損益分岐点を超えるだろう」と予測して刊行したものの、実際そうはいかない本は山ほどあります。厳しい出版会議をくぐり抜けても、売れない本は売れません。

本を物理的に動かすには輸送コストがかかります。多くの物流システムでは、片道の輸送コストの負担が一般的です。時々、通販などで顧客のイメージ違いで返品されるケースはありますが、本の流通の返品の量からすれば微々たるものでしょう。その返品の物流コストも出版社が負担します。

出版社は、制作費、物流費、倉庫代、さらに書店店頭で多くの人が手に取ったために帯が取れたり、切れたり、汚れたりして戻ってくる本の修繕費用や、今後、商品として存続しないかもしれないリスクなどを背負って本を出しているのです。

書籍というのは、その本の特性によって初版が2000部だったり、1万部だったりと、一律ではありません。編集者はそれらを加味して、単純にたくさん売れたかどうかより、本の特性に合ったよい企画、よい仕上がりを目指して仕事をしています。

そんな編集者に対して、営業担当者たちは思いっきりセーブしてかかってきます。彼らは配本数を適正にして、よい実売率で仕上げることを第一に考えているからです。

ですから、書店から大きな注文が入っても喜びません。この書店は店頭に派手に本を飾って売ろうとしている。売れなければ返品すればよいと考えているのではないか？　などと警戒し、理由がなければ大量の注文に応じません。

当然、増刷にも慎重です。

例えば、初版３０００部の本があったとします。初版を売り切れば実売率は１００％となります。ところが１０００部増刷してそれが半分しか売れなかったら、配本は４０００部で実売数が３５００部なので、実売率は87・５％になります。これでもすごくよい成績ですが、１００％よりは落ちます。ですから、よほど勢いがないと増刷の判断には至りません。これも書店営業の特徴です。

私が出版社の編集者をしていた時は、営業の反対で増刷できなかった本に対し、「この本は、実売率80％で、きれいに仕上がりました」と営業が言うのを聞いて、「仕上がりじゃないんだよー！　いったい売る気があるのかよ（怒）！」と思っていました。今、出版社の顧問の立場でいると、確かに無駄な増刷は避けたいと思いますが、編集者と出版営業担当者は、そんな駆け引きの毎日なのです。

## 編集者は著者の力を求めている

出版社勤務時代の私は編集者同士で仕事をする機会は少なかったのですが、独立して面白かったのが編集者同士で一つの企画について一緒に議論ができるようになったことです。出版社時代にも編集者同士で飲みに行ったり、意見交換をする場があったりして交流はしましたが、独立してからは、出版社の編集者ではない立場で編集者と接点がもてます。

編集者が自分の抱える企画に意見を求めてきた時に、「私だったらこう作る」とか、「こんなアイデアもあるね」なんていう話をします。また、私の経験から「企画会議でこんなこと言ったらいいんじゃないか」とか、「デザイナーはこういう傾向の人がいいんじゃないか」というような、クリエイティブな方法を伝えることもあります。

編集者のもつ能力は人類の資産だと思います。

先にも書きましたが、書籍の編集の質はどんどん変わっています。わかりやすく、読みやすく、伝わりやすい編集が求められる時代になり、編集が高度化していると感じます。おまけに出版業界の規模の縮小とともに書籍編集者を志望する人も減るのではないかと危惧しますが、私が講師を務める青山学院大学の出版ジャーナリズムの授業では、必須科目でもない上に課題も多く厳しい授業にもかかわらず、毎年30名近くの学生が選択してくれています。編集者を志望してよかったと思ってもらえる世界にしたいと、この本を書く闘志も高まります。

少し前だったら、「編集者は著者の力を求めている」と言ったら、編集者がそんな頼りないことを言うなんて！　と怒られていたかもしれません。

でも今は、編集者も著者も、全力でクリエイティブ能力を発揮して本を作ることで、本自体の可能性がさらに高まっていく時代なのではないかと思います。

著者にとってはチャンスです。出版業界は、著者の力を待っているのです。

本を出そう、
時代を創ろう

## 神様の存在を実感した話

私が初めて神様の存在を身近に感じたのは、小学校3年生の頃のことでした。祖母が病気で、もう危ないということを、子どもながらに察知した時です。

今思えば、祖母は当時60代でしたから平均年齢より少し早かったとは思いますが、命の定めとしては子どもを育て上げた上での寿命ととらえることができます。しかし、それは当時の私にとって、「人生の中で初めて出会う、親族の死に直面する出来事」でした。自分で作った折り紙のやっこさんを、当時家にあった人形ケースの隅に鎮座させ、毎日、一人でこっそり祈っていました。

「おばあちゃんが死にませんように」と。

やっこさんを折ってお祈りをしていることを、祖母の娘である母にはなぜか話しませんでした。話せなかったのではありません。幼いながらに、こういうことはひとりで黙ってする方がよいと思ったのだと思います。子どもに対して寛容な両親であったこともあり、人形ケースの中に不釣り合いな折り紙のやっこさんがいることに気づかれても、排除されることはありませんでした。狭い家でしたから、おそらく私が毎日お祈りしていたことも両親は知っていたと思います。だけど、誰にもじゃまされずに、このルーティンを続けることができました。

祖母は末期のガンでした。祖母の子どもは長女の母を含め5人。上の3人は結婚して子どもがおり、下の2人の叔父、叔母は独身で、祖母と一緒に生活をしていました。在宅での療養でしたので、私もしょっちゅう祖母の家に行っていましたし、末期ガンということもあり親戚が集まって毎日落ち着かず、祖母の周りには入れ替わり立ち替わり人がいました。


その日、祖母は穏やかに寝ていました。小学3年生の私にできることはたかが知れており、それまでも部屋で祖母と二人きりになるシーンというのはありませんでした。祖母の寝ているそばで本を読んでいたのか、今となっては記憶が定かではありませんが、その時はなぜか私だけが祖母のそばにいました。窓の大きな部屋で、外は曇っていたので青く静かな空間でした。

その中で、祖母は息を引き取ったのです。

私は、「おばあちゃん」と声をかけました。

様子がおかしい。反応がない。息をしていないみたい。

私はとても冷静でした。そして、大人に報告しにいくことをしませんでした。黙っていたかった。いなくなったことを認めたくなかった。

この「おばあちゃんの死に目に私が立ち会えたこと」が、神様から私へのプレゼントだと思うようになったのは、随分、時が経ってからのことです。

当然のことながら、私はそれ以降、数多くの別れの体験をしてきました。私たちは、コミュニティーの中で生きていて、その中のひとりを失うわけですが、この世を離れる当人は、この世の親しい人全員と別れるわけです。残される人よりも旅立つ人の方が何倍も寂しい。そんな祖母の最期の瞬間に私がいさせてもらったこと、私が祖母を見送ることができたのは、私が祖母のことを祈っていたからだと思っています。

## 「神業」を稼働させるたったひとつの方法

著者と話す中で、その著者のなかなか言葉にできない「思い」を、言語化して伝えることがあります。たいがいの場合、それは的確なようで、「どうして、私以上に私のことがわかるんですか？」とか、「そう、それが言いたかったんですよ」「城村さんてイタコみたいですね」などと驚かれることがよくあります。

私はスピリチュアルな能力をもつ人間ではありませんし、宗教家でも寺社研究家でもありません。

しかし、「イタコのようだ」と繰り返し言われてきた私が思うのは、「人というのはみな、何らかの神（霊）的能力をもっている。ただ、それに気づくか、気づかないか。その能力を使うか、使わないか。その能力を磨いていこうとするか、しないか、その違いだけなのではないか」ということです。


例えば、私たちの業界で大変お世話になる人に「校正者」がいます。『校閲ガール』（日本テレビ系）というテレビドラマにもなったことから広くその仕事が知られるようになりました。膨大な文字の並びの中から、誤字を探し当てたり、脱字を見つけたり、同じ意味の言葉の表記が複数あるような「表記の揺れ」を見つけたり。史実の間違いなども見つけるような仕事です。人は、えてして頭の中で修正してものを解釈してしまう傾向があるので、間違いに気づきにくい性質があります。『校閲ガール』の作品中でも彼ら校正者の能力の一端を垣間見ることができましたが、校正者に必要なのは辛抱強さだけではありません。本来備わっている「差異発見能力」なのではないかと思います。

彼らはよくこう言います。「ゲラ（本を制作する際、印刷する前の状態のレイアウトを確認するためのもの）をパッと見ただけで、誤字が光って目に飛び込んでくる」と。まさに神業です。

しかし、こういう神業――能力――は、誰しもがもっていると思うのです。自分が気づいていていないだけ。これをちゃんと見つけてあげて、さらに磨く。それが神業になるのです。『校閲ガール』の中で主人公の河野悦子《こうのえつこ》は自分の才能に気づいておらず、ファッション雑誌の編集者になりたいと出版社の入社試験の面接を受けます。雑誌の編集者の仕事は、校正の仕事とすごく近いところにあります。つまり、河野悦子は引き寄せているのです。これもちょっとした神業の一種かもしれません。そして、その運命のレールに乗って、不満を言いながらも校正者として成長していきます。

今や世界のベースボールプレーヤーとなった大谷翔平選手も、もともとの才能があった上に、ものすごく努力をしています。逆に言えば大成している人で努力をしていない人はいないでしょう。ただ、私も含め多くの人が自らの才能、能力を見つけられ、見つけて、その伸ばし方、磨き方を知ったら、面白いと思っています。

## 実は、みんな物語を作ってきた

子どもを見ていると、彼らは物語を作って遊ぶのが好きだなあと思います。ブロックで飛行機を作ったり、公園でお姫様ごっこをしたりして空想の設定を作り、その中でいろいろ忙しそうに遊んでいます。

私も幼い頃からごっこ遊び（シミュレーション）をしていたように思います。物心ついてからは、自分のやりたいことに大義名分をつける作戦はもとより、小学生になってからは友だちとの家出作戦や旅に出る作戦、スパイが来たらどうするかなど、架空想定での作戦を真剣に立てていました。

人間は、神様からいろいろなプレゼントをもらっています（例えば言葉が話せるとか、よいものに感動できるとか。城村基準ですが）。中でも「物語を作れる」のは、神様からもらったプレゼントベスト10（城村基準）の中でも、結構上位に位置するのではないかと思います。「物語を作るのは苦手」と言う人もいるかもしれません。でも人って、勝手にいつも「物語」を作っているように思います。「文脈」と言ってもいいかもしれません。過去のこと、未来のこと、憶測、理由など。

例えば、「自分がこの病気にかかったのは、『命の大切さ』を知るためだった」とか、「あのタイミングで、今の事業のパートナーと出会えたのは奇跡だった。そこから人生が大きく変わった」と理由づけしたり、未来に向かって「これからどんどん〜〜な世界になるだろう」と予見したりします。人に備わっているこの「概念化（コンセプチャライズ）」の能力が社会や未来を作ってきたのだと思います。

歴史上のリーダーたちがそうでしょう。

例にあげると、アップルの創業者スティーブ・ジョブズ氏や、衣服の概念を変えてしまうような会社を一代で築いたユニクロの柳井正社長、青山学院大学を箱根駅伝の常勝校にした原晋監督などは、自分の信念を言語化し、概念化してチームのメンバーに伝え続け、チームビルドすることで偉業を成し遂げました。それが人々に勇気と希望を与えています。そこに集まってきている人たちも優秀だったとは思いますが、2倍も3倍もＩＱが高いとか、仕事のスピードが早いわけではありません。

成功した集団には必ずチームをつなぐ「哲学や思想」があり、そこに関わるメンバー一人ひとりが能力を発揮し、問題解決にとどまらない提案や、クリエイティブな発想をしてきたのでしょう。私が感じるのは、この集団で進化する状況は一部の人たちだけにとどまらず、どんどんその裾野が広がる時代に突入しているのではないかということです。

これまで人は、社会の枠組みの中に入っていればそれなりに幸せに生きてこられました。しかし、今や時代の変化のスピードは加速度的で、社会の枠組みも変化しています。もう、人が作った枠組みでは間に合わず、それぞれの現場がその姿を変え、作り、応用し、変化に合わせて作り直す時代なのです。PDCA（Plan（計画）、Do（実行）、Check（測定・評価）、Action（対策・改善））では間に合わず、OODA（Observe（観察）、Orient（状況判断）、Decide（意思決定）、Act（改善））だと言われるのもそういうことでしょう。

つまり、物語を作る――概念を作る――仕事は、誰か特別なひとりがやるのではなく、一人ひとりがやるべき仕事になってきていると感じます。

## 自分の理想は空想から

私は子どもの頃から体が大きくて健康だったので成長するにつれ、生来のマイペース具合にますます拍車がかかりました。小学生の間は男の子と取っ組み合いのケンカをしていたので、後に結婚した夫からは、「女っていうのは、男にぶたれたら泣いているもので、仕返しをするもんじゃない」と驚かれました。どうして女はぶたれたら泣くだけで、ぶち返してはいけないのでしょう？　いずれにしろ当時の私には、やられたのにやり返さないという発想がまるでありませんでした。

こんな風に比較的逸脱した性質ではありましたが、私は社会や人が嫌いだったわけでもありません。ただ、自分が自由にしていたい気持ちは強かったと自覚しています。自分が自由でいるために、周りの人にも自由にしていてほしかったのです。周りの人が自由にしていてくれないと、私の自由が脅かされると思ったからです。

だから、お節介とは正反対の性質なくせに、「著者になるというのは、自由を獲得することなんですよ」ということを伝えたくてこの仕事をしています。「自由」がピンとこない人には「理想」と言い換えると伝わりやすいかもしれません。

私の理想は「自由」なのですが、この本を読んでくださっている皆さんの理想はなんでしょうか？　信頼し合える社会、愛のある世界、切磋琢磨できる環境…。いろいろな理想があると思います。ぜひ、それを具現化しましょう。

コンセプト（概念）を作ると人間は自由になります。コンセプトを作るとは、その人のもつ「哲学・思想」で今を解釈し、どうあるべきかの未来・ビジョンを示すことです。そのためには、自分自身の過去のストーリーから自分の才能を見いだし、社会貢献にどうつなげていくかを考えるということ。それを語ること——それが商業出版の著者になるということだと思っています。そしてその概念を元にオピニオンリーダーになることが、自立を手に入れる方法なのです。

世界中で起こっているさまざまな問題も、人類一人ひとりが自分のジャンルの中でコンセプトを作り、その分野のリーダーとして研究・分析し、リーダーシップを取るようにすれば、問題は解決していく。青い考えですが、そう信じています。

争っている余裕はありません。解決したい課題はいっぱいあります。豊かに生き、課題を解決するためにも、一人ひとりが自分のコンセプトをもつと、それが社会貢献にもなりますし、自身の自由にもつながります。私はそんな世界を提案したいのです。

そのためには、商業出版の著者になるというトレーニングやワークがとても有効です。商業出版をするというのは、読者を助けるという社会貢献です。自分のできることをやみくもに模索するより、「自分の才能を社会に提供し、貢献する」ことを探求する方が簡単です。

だから私は、微力ではありますが、自分に与えてもらえた編集者としての力を、そんな世界を作るために使いたいと思っています。

小さい頃から変わり者だった私が、自分も楽しく、人も楽しく生きていくにはどうしたらいいかを考えた結果が、こんな活動につながりました。

社会に迎合しようとしなくてもよいのです。自分の特質から社会への貢献の仕方を考える。大きな情報の波に飲み込まれるリスクを回避して、新たな未来を創造するチャンスを見逃すのはもったいない。

子どもの頃にやっていたように、思いっきり、「ごっこ遊び」をしませんか？　その空想の中には必ず、自分の理想や得意が入っているはず。そこからスタートしましょう。

空想は誰にも迷惑をかけません。空想から始めてリサーチし、それを出版企画にしてしまったら、後は行動あるのみです。

そうやって、著者は、自己実現＋社会貢献をしているのです。

子どもの頃はみな、物語を作っては、
「ごっこ遊び」をしていたものです。

## 先入観は可能性を狭める

出版社勤務の編集者時代に、大御所の先生のお宅へ作品をいただくために日参することがありました。

お手伝いさんのような人が熱いお茶を出してくださる。せっかく出されたものだから手をつけない方が失礼です。程よいタイミングで程よくいただきたいと思いますが、なかなか飲むことができません。なぜなら私は熱いものが食せない。俗にいう猫舌だからです。雑談をしながらお茶を冷まし、そろそろ飲めるかなと思った頃に、「冷めてしまいましたね、入れ替えましょう」と、先生自ら気を遣って熱いお茶に入れ替えてくださる。冷めてしまったのではなく、冷ましていたのですが、それを言うのは無粋です。ここは「ありがとうございます」と、今度は、やけど覚悟で少し口をつけます。原稿をいただけるかどうかがかかっていますし。

私は熱いものも苦手ですが、辛いものも食べられません。辛さの段階が1～10まであるものは、常に最も辛くない「辛味0」を選びます。私にとって辛味1以上は未知の世界。1も10も同じです。

子どもの頃は、大人になったら、辛いものや熱いものを平気で食べられるようになると思っていました。ところが、その希望は叶いませんでした。子どもたちにも小さい頃には甘口カレーを食べさせていましたが、中学生になった頃からでしょうか、生意気にも辛口を食べ始め、涼しげに親を抜き去っていきました。

「そんなものは慣れだよ、慣れ。辛いと思う先入観があるから辛いんだよ！」

なんて言う乱暴な友人もいます。今でも挑戦モードですが、常に撃沈。全敗記録更新中です。

友人の言うように、先入観が時に人の可能性を狭めるのは事実です。

「うちの出版社は、こういう系統の企画はなかなか売れないから…」

と敬遠した企画を、転職してきたばかりの編集者が作ってすんなり売れてしまうというような話は時折耳にします。

ただ、先入観とはちょっと違いますが、著者に対する第一印象については、私の知る限りすべての編集者が異常な嗅覚をもっています。「この著者と一緒に仕事をする」と決意するまでは、些細なマイナス要素も敏感に嫌います。

例えば、こちらから投げかけたある質問に対してちょっと反応が鈍かったとか、少し違和感があるというだけで、その企画が打ち切りになることもあります。

編集者の方から声をかけたのに、途中でちょっと違うからと打ち切ることには、いくらかの遠慮はあります。しかし、「この著者とこれから一冊の本を制作できるか、売れる本にできるか」について見定めるために打ち合わせをしているのです。編集者もそれなりに覚悟がいります。著者からの持ち込み企画だったら、なおさら慎重になるのは当然です。

社内の企画会議に上げる前は、お見合いの時間です。編集者のマンパワーにも限りがありますから、どの企画を選択して集中するかは真剣です。会議に上げる前に少しでも違和感があれば破談となって先には進めません。私自身も独立して多くの出版社の編集者とつきあうことになって、どんな編集者でもこのような性質をもっていることを認識し、言語化しました。

## 企画を磨き続ければご縁はつながる

2人の少年がコンビを組んでマンガ家を目指す映画『バクマン。』（2015年／東宝）の終盤に、「著者と出版社が対立した時に、著者側の味方に立てる編集者がよい編集者だ」

というようなセリフがあります。大学の講義でもよく事例にあげさせてもらう感動的なシーンです。

なぜ感動的なのでしょうか。

それは、これが希少な話だからです。

「著者と出版社が対立した時に、著者側の味方に立てる編集者」が一般的なら、感動シーンにはなりません。著者と出版社が対立したら、編集者は出版社側に立つのが普通です。編集者が悪いわけではありません。編集者は出版社というメーカーに勤める従業員だからです。

しかし、「著者の第一印象が悪いから、その企画を取り上げない」というのは、会社側に立っての判断ではなく、あくまでも編集者サイドの問題、しかも極めて個人的な判断です。

書籍編集者と著者という間柄の中で、「相性が悪い」というのは双方にとってとても不幸なことです。書籍の制作期間中、編集者と著者はタッグを組んで濃密なやり取りをします。その中では多少なりとも摩擦や誤解が生じることもあるでしょう。多くの編集者は、それまでの経験と勘で、あらかじめある程度それらを見越すことができます。なので、「このまま企画を進めるのは、むしろお互い不幸だから、やめておきましょう」という提案もあります。

出版企画書を作って、出版社に提案してもなかなか採用されない。そういう時、多くの著者はがっかりして、自分には本を出す才能がないんじゃないかと落ち込みます。揚げ句の果てには、自分には価値がないんじゃないか、なんて思い詰めてしまう。

気持ちはわかります。だけど、これは私からすると大きな誤解です。

出版はご縁です。結婚相手を見つける、就職先が決まる、といったことと同じなのです。

この企画はよくできている、この出版社だったら興味をもってもらえそう、そう思って持ち込んでも、その出版社で同じような企画が進行していることもあります。反対に、まるで関心をもっているようには思えなかった編集者が意外な企画に興味をもったり、その出版社が新たな分野に進出しようとした矢先にその企画がはまったり、なんてこともあります。

ですから、なかなか出版企画書が企画会議を通過しなかったとしても、腐ったり、落ち込んだりする必要はありません。そんな暇があったら、とにかく企画を磨き上げる、活動の精進を続ける。これしかありません。

当然ながら、あなたの活動は出版をするためだけに行っているものではないでしょう。その活動の内容を本にして届けたいという思いとリンクして、自分の思いを育て、活動を成長させる。その継続の上に出版があるのです。出版ができないくらいで止めてしまうような活動なら、もともと版できる実力はないということです。

この本をここまで読んでくださっているので、すでにさいは投げられています（笑）。出版に向かうことで、自分の思いをさらに明確にしながら磨き上げ、人々に提供することで、その価値を社会につなげていく。それこそが著者の仕事です。

「企画書がなかなか通らないから…」などと弱気になって勝手に止めてもらっては困ります。

必ず、出会いはあります。継続しなければ、出会いもない。

自分の理想に向かって自分を進めることと、出版に向かって進むのは同義です。であれば、諦めずに、当たり前のように出版に向かって歩くとよいのだと思います。

## だまされてみると見える世界

「あなたはだまされやすい人だよね～」なんて親しい友人から言われることがあります。

確かに私は信じやすい。なんでも信じてしまいます。著者に対しても、いろいろな話を聞きます。視える人、聴こえる人、予知夢を見る人などなど。相手がどんな奇想天外なことを言ったとしても、まずは聞く。だって、人間が知っていることなんて宇宙の０・１％にも満たないじゃないか、というのが私の感覚だから。私が知らなくて著者だけが知っていることもあるでしょう、と。究極それがウソでもいい。ウソが突き通せて、それが人を傷つけず、むしろ表現となり、伝わることでよくなるならばそれでいい。むしろ、本を書く、編集するとはそういうことでもあると思います。

『パン屋ではおにぎりを売れ』（柿内尚文／かんき出版）という本も、著者になろうとする人のための必須本です。編集者が企画をする際の思考回路が学べます。この本に「大義名分を作る」ことの解説があります。物語を作る、解釈を作る、コンセプトを作ることです。

映像作品でも、これから不吉なことが起こることをイメージさせるためにカラスがこちらを見つめているカットを挟んだり、冷たい雨のシーンを入れたりします。絵画でも、立体作品でも、作品に使われるモチーフはすべて必然で意味があります。

本を作り上げる上でも、文字、言葉の選択には幅広い自由があり、必然があります。この本を「誰に」「どのように」伝えるかを示した「出版企画書」という戦略書（設計図、事業計画書）の方針にのっとって原稿を書き、それを編集・制作していく。

重要なのは、事実であるかどうかより、リアリティーやもっともらしさです。伝わらないことの方が悪なのです。表現意図がないものは本ではありません。

だから私は、著者の言葉にだまされてみる。私をだまし切ってくれるように誘導してしまう。ここで、自分から言い出しているのにもかかわらず、私に突っ込まれてたじろいだり、意見を引っ込めたりするようでは困ります。

表現が拙いのはまったくかまいません。著者は最初から表現のプロではないからです。また、「自分はこのことを主張したいのだけれど、人から理解してもらえない、うまく伝えられない」と萎縮しているのも許容範囲内です。しかし、「これを伝えたい」という意思がないのは、そもそもスタートラインにも立てていません。

人がどう思おうとどうでもよいし、伝わっていなくても気にする必要はありません。伝わらなければ、伝わるように工夫や努力をすればよいのです。すべての著者がそのことに悩みながら前に進みます。

私の会社では、定期的に懇親会を主催します。参加してくれるのは受講生や著者たちです。その中のイベントのひとつとして、毎回「本占い」と称して私のお気に入りの本を参加人数分用意してプレゼントしています。推薦理由のコメントを添えて一人ひとりに違う本を用意するのは大変ではあるけれど、楽しい時間です。当日、どの本が誰に当たるかは、参加者のくじ引きで決まるので、どの本が誰に届くか誰もわかりません。プレゼントの袋を開いて、初めて何のタイトルの本かがわかるのです。

この会では、参加者一人ひとりが全員の前で当たった本を手にしながら、自分が何の本をもらったか、なぜこの本をもらったと思うかについて語ってもらいます。考えようによってはいたって理不尽でしょう。だって、その本はくじ引きで当たってたまたま手元にやってきたのだから。だけど、受講生や著者たちは、こちらがびっくりするほど、皆さんうまく話します。

例えば、『1分で話せ』――これも、私の推薦図書の一冊！――を手にした人は、「ただいま、絶賛執筆中。担当編集者に、『あなたは説明が長い』と言われていたところです。要約の力が必要だとわかりました」と語ります。

『サピエンス全史』（ユヴァル・ノア・ハラリ／河出書房新社）を引いた人は、「今、企画書を作っているところです。自分のルーツをしっかり探れということだと思います。企画書頑張ります」。

私はその中に、毎年『脳のなかの幽霊』（V.S.ラマチャンドラン／角川文庫）という本を入れ込みます。これはいろいろな示唆のある本なのですが、私が一番気に入っているのは、「脳は思い込みの権化」とも言える性質を表現しているところです。今でこそ、脳を解明・解説する本が増えていますが、１９９９年の刊行時にこの本を読んだ私は衝撃を受け、さまざまなことに納得しました。

「半側空間無視」と名づけられた症状があります。人間の空間把握能力は、左脳は右、右脳が左を担当しています。事故や病気で左脳に何らかの損傷があった場合は、右脳が左脳機能の一部をフォローしてくれますが、左脳は右脳のフォローができません。そのため、目は見えているが、左側面を認識できなくなります。お皿の上に乗った食事の右半分だけを食べて、左半分を残しているのに気づかないとか、左側にある壁に気づかず、ぶつかってしまうなどの現象が起きるのです。

　自分の認識がないから、ないことにした方が都合がよいので、見えているのに認識しないのです。このほかにも、目で見ているのに見えていない部分（盲点）を、脳が勝手に画像を作り出して補ってしまうとか、事故や病気などで腕や足を失っていても、あると認識して、ないはずの足の先や、腕が痛くなる幻肢痛など、さまざまな脳の不思議について書かれています。この本を読むと、脳は多分に自分（脳）の都合のつじつまを合わせたいのだとわかります。

　そう考えると、脳がするように人間だって都合よく思い込んだり、不都合なことを知りたがらなかったりするのは当然だと思えてきます。

## 著者は、読者を未来に誘《いざな》う「コンセプトリーダー」

著者は、読者を未来に連れていくコンセプトリーダーです。未来は誰にもわかりません。著者の言う通りにはならないかもしれません。でもならなくてもいいのです。これは無責任で言っているのではありません。「未来がこうなったらいい」と著者が理想とする世界を、読者にプレゼンテーションをすればいいのです。

そのコンセプトに賛同しない人もいるでしょう。でも、自分が理想とする世界を読者に提案し続けるうちに、その表現は磨かれ、多くの人を未来に連れていきます。読者は著者の理想の未来ビジョンに賛同し､共感します。そうして多くの読者に希望をもたらすのです。

つまり、著者は自分の未来の理想を「思い込む人」というわけです。

この思い込みの能力を大いに磨き、ぜひ読者を未来に連れていく活動に使ってほしいと思います。

私の人生も、自分の「思い込み」で形づくられてきたと思います。

やりたいことはやりたい。どうしたらできるか。やってできないとしても、やらなければば100%できないのだから、とにかく動く。言いたいことは言いたい。そんなことばかり考えて生きてきました。

人生は楽しいことばかりではありません。動物が毎日食うか食われるかの世界で生きているように、人間も生きるのは大変です。でも、人間は進化・向上することに喜びを感じる生き物ですから、未来は明るいに決まっている、とも思っています。

血液型はB型。エニアグラム（人の思考・行動特性診断テスト）は7番（楽天家）。動物占いはチーター（チャレンジ精神旺盛でポジティブ思考だが、あきらめが早い）。これを知った周囲の人たちが、「じゃあ仕方ないね」と納得するのを何度も見てきました。

私自身、乱暴な生き方をしようと思っているわけでも、ほかの人に迷惑をかけても平気だとも思っていません。でも、結果的に多くの人にお世話になり、いろいろな人に協力してもらって生きていることは自覚しています。

幼稚園児の頃、自転車で英会話教室に行きたいために物語をでっちあげたことを筆頭に、これまでもやりたいことのためにさまざまな画策をしてきました。ソフトボール部の同好会を作った時も、社会人になって記者になった時も、編集者の時代も、新しいことをやるたびに混乱を生じさせ、いろいろな人を巻き込んできました。決して優秀な人間ではないのに、どんどん新しいことを立ち上げていく私を、今までの私の上司たちは活動家だのテロリストだのとからかいました。

時折、自分でも「私、大丈夫か?」と自分のあり方を振り返りますが、「たぶん私の被害に遭いたくない人は、私から遠ざかってくれているだろう」ということにしています(すみません)。

私にとって、世界は優しいです。こんな自分を生かしてくれているのだから。だから、全力で自分のできる恩返しをしていこうと思っています。

信じなければ始まらない。信じる人しか神様は応援できない。「だまされやすい」は、「思い込みが激しい」ともつながります。だまされる能力も戦略的に活用できるのです。

## 「本」とはどういう存在なのか

私の仕事は、出版企画書作りをサポートし、できあがった企画を出版社に紹介してご縁を作ることです。本を出したい人に著者になるための知識や技術を教えたり、ワークショップをしたりして企画書を作ります。そこでは、自分が出版社の編集者だった時代の知見や、たくさんの著者を見てきた経験から、いろいろなことを伝えます。つい老婆心でしつこくしてしまうのも日常的です。

処女作をご一緒した著者からはよく、

「城村さんからいろいろ学んだけれど、刊行してみて初めてその意味がわかった」

と言われます。

まさしく「百聞は一見にしかず」。体験してみないことには、わかりません。そういうものだと思います。「本を出す」「著者になる」ということは経験を重ねて身につけていくことなのだと思います。

「城村さんは本が好きですか？」と問われたら、私は即答できません。私よりずっと「本好き」の名にふさわしい人がたくさんいるように思えて、おこがましいような感覚があるのです。

とはいえ、幼い頃から好奇心が旺盛で、それを満たすために読んだ本の存在が今の仕事につながるきっかけだったとは思います。

子どもの頃は、いろいろなことが新鮮で感動的です。私は天真爛漫な子どもでしたので、初めて山に登って壮大な景色を見た時や、初めて映画館で映画を観た時の感動体験をたくさん覚えていますが、その中でも「本」との出会いの記憶は最上級です。たかだか厚さ3〜4センチ、横12センチ、縦18センチほどの立体に、恐竜も入っていれば、宇宙も入っている。時代も距離も超えて、小野小町ともエジソンとも接触できる。実在しない人の話でも、本当のこと以上に人の心が動かされる。そんな素晴らしい体験をさせてくれる「本」。その存在を認識した時にはびっくりしました。そして欲張りにも、世界中の本を読みたいと思った原体験があります。

その後も本は私の好奇心を満たしてくれる媒体ではありましたが、本の内容というよりも、本と世界の関わりや、本が刊行されて読まれていくことで新しい概念がどんどん生まれることなど、本の存在が世界に与える影響や現象に関心が向かったように感じます。

例えば、家族は仲がよいことが理想ではありますが、どこの家庭もそうであるわけではありません。しかし、幼い時に自分の両親の仲が悪ければ、それが原因で自分の置かれている環境がとても不幸であると感じることもあるでしょう。そんな時に、『アンネの日記』や、『ヘレン・ケラー伝記』などを読むことで、人の置かれる環境はさまざまで、自分だけが不幸を背負っているわけではないことを知るでしょう。

宇宙の誕生や、星の数、大きさ、その壮大さを知ることで、自分が生まれてきた奇跡、生きている驚異を感じることもあるでしょう。動物の生態の不思議、社会の構造の理解、世界にはたくさんの文化があること、「本」という形に編集されたさまざまな知識のプレゼンテーション。世界が広がりました。本にはただ知識が羅列されているのではなく、そこに「編集」の意図があり、それによって新しい世界が生まれることを知ったのです。

私が生まれてきたこの世界で、私は何をこの世界に提案するのか。本からたくさんのものをもらった私だからできる、この世界への恩返しは何か。そんなことを考える子どもでした。幼いながらも戦争をなくすには何ができるかと署名を集めたり、作家に手紙を出したりして、「情報を社会に伝えるにはどうしたらいいか」ということを考えていました。

そんな子どもでしたから、小さい頃から生意気でした。

海外の事故で多数死者が出たなどというニュースで「日本人はいませんでした」という報道があると、「日本人がいなけりゃいいの？　事故の規模は変わらないのに」と不思議に思ったり、友だちや家族で同質化することが嫌いで、学生時代は特定のグループに属さず遊んでいて、友人や前夫からは、よく「冷たい」と言われたものです。

# 出版業界に対する得体のしれない畏怖

今となれば「若気の至りの生意気な奴」と顧みることができますが、当時の自分はマジョリティの価値観に自分が埋没してしまわないように必死だったのだと思います。そんな未熟者ゆえの発言と許していただきたいのですが、私は独立するまでずっと「出版業界とは、なんと不思議な世界なのだろう」と思っていました。

出版業界で仕事をしていると不思議なことがたくさんありました。例えば、出版契約書を締結しないで口約束で制作が始められたり、支払いについて触れられないまま執筆にかかったり。小さい書店にはベストセラー本が行き渡らないなんてことも不思議でした。

業界に長く身を置く今となれば、違和感がありながらも理解できることがたくさんありますが、一般の人には摩訶不思議なことだらけでしょう。ある出版社の社長さんとは、その不思議さを「出版おばけ」と表現して大いに意気投合したこともありました。その違和感が指針となって今の私の事業につながっています。

どんな違和感だったかというと、皆さんご存じのように、「本」というのはもともと情報を伝えるために壁や石板に絵や文字を彫って情報を残したことから始まります。紙が発明され、それが発達し、印刷や製本技術が進化して現在の形態になります。日本について言えば、江戸時代には版画の技術が発達して作品を複製し、マネタイズをするビジネスモデルも誕生しました。これが「版元」の概念です。その後、工業技術が進化し、メーカーのビジネスモデルに類似した「出版社」が情報を伝える公共インフラの役割をもちつつ、「出版」の文化・産業モデルが生まれました。

私が新卒でお世話になった出版社の上司は、「昔の出版業界はすごかった。本を刷るのは、お札をするようなものだった」とか、編集者が黒塗りのハイヤーを手配できた話、大御所の先生は神様のように扱うものの、新人の作家は下僕のようにあしらう編集者が普通だった話などをよく聞かせてくれました。上司のニュアンスは「昔はよかった」という懐古主義的なものではありません。その時代が異常だったといった話しぶりでした。

出版の果たす役割は、「マスコミ」であり、「ジャーナリズム」を牽引する機能でもあります。英語で「出版人」は「パブリッシャー」といいます。つまり「公器」です。だから、権威も権力もあります。

著者が、出版社や編集者に対してある種の畏怖の念を感じてしまうのも、致し方ないことだと思います。

## 本は、「読者」と「出版社」と「著者」に愛されて育つ

そういう時代背景も、社会における出版社の位置づけもわかった上で、私は、「本は、読者と出版社と著者の三者に愛されて初めて命が宿る」と思っています。

とあるベストセラー作家の先生が、

「出版社は本を売ってくれないよ。本は著者が売るものだ」

と新人著者にアドバイスをしていました。本質を突いた言葉だと思います。

出版社は本が売れなければ売上げになりません。

しかし、すべての新刊本が完売するかというと、そういうことでもありません。新刊を出しても、売れ筋に残るタイトルは一部です。

例えば、漫画を連載している雑誌では、人気の連載は継続しますが、人気がない連載は打ち切りになります。連載が続いてコミック化され、さらに人気があると映像化されたり、映画化されたり、グッズやゲームになることもあります。

刊行してみないとわからないことではありますが、売れなければ出版社は営業を継続してくれません。同じ営業工数をかけるなら、売れている本に工数をかけた方が効果的だか

らです。

これは、今も昔も変わりません。

なので、出版社も担当編集者も、たとえ思い入れをもって出した新刊本だったとしても、売れる本しか売り伸ばすことができないというのが、出版社のシンプルな構造です。知恵を結集する、ノウハウを注ぐといった努力は、すでに、企画を考える時から始まり、企画会議から刊行までの編集・制作の間にされています。刊行後は、市場の動きに合わせた努力をするのが出版社の販売です。

そんな背景があるから、著者自身が本を売り続けることが必要だと、そのベストセラー作家は言っているのです。


今でこそ著者が本を売ることは一般的になってきましたが、かつて出版業界では「著者は販売に口を出すな」と言われる時代がありました。もっと言うと、「編集者も口を出すな」とも言われていました。今でも、そういうスタイルの出版社はあると思います。

それだけ出版の流通形態が複雑で、素人がちょろちょろすると事故が起こりやすい、という意識があるのです。

実際、ある著者が書店とトラブルを起こしたために、その出版社の営業は書店との交渉がしにくくなった、という話はあります。ひとりの著者の行いのために、その出版社全体の営業活動に支障があっては困るので、その危険を回避するため著者には何もさせない方針を取る出版社もあるのです。著者が本を売ろうと働きかけて得られるチャンスより、何かトラブルが起こってしまうリスクの方が大きいという判断なのでしょう。

しかし、業界規模が大きく変わりつつあります。

読者が本を買うのは「本である必然性がある」時だけです。インターネットの情報では物足りないもの、「本」というパッケージになってマテリアルがあり実在しているもの、「面白い本を作る」「売るための工夫をする」という意図をもって、しっかり「企画・編集」されたもの。そんな本が売れていると感じます。

本を作る際も、かつては「書く人（著者）」「作る人（編集者）」「売る人（営業マン）」の分業でしたが、現在はこの三者が力を合わせて作り、売っていくスタイルに変わっています。これは、著者が活動することによる影響力が相対的に高くなっていることを示します。編集者が、ブログのＰＶ数が高く、フォロワーやコミュニティー会員がたくさんいる著者に期待し、その人の本を刊行しようとするのはこんな理由もあるのです。

2001年に発売された『だれが「本」を殺すのか』（佐野眞一／プレジデント社）のヒットを皮切りとして、2000年代初頭には出版業界の衰退の危機を訴える本が散見されました。しかし、出版業界の危機を取り沙汰する時代はとっくに終わり、今は「出版業界の構造をどう活用するか」というフェーズに入っているのだと思います。

以前であればルーティンの企画・編集ワークをこなせば1万部売れていたものが、本が売れなくなっている今の時代は企画・編集に工夫を重ね、クオリティを上げた企画・編集ワークを行って本を作って、それでも5000部程度というような現状です。本が本質的なものしか生き残れない淘汰の段階に入ってきているということを感じます。

ここまで、「出版は公器である」と書きました。

本の内容で間違った記述をすれば、そのことで傷つく人が現れますし、誤った情報を受け取ってしまう人も生まれます。出版社が校正・校閲を入れるのは、そのためです。人権に対する知見も必要です。差別用語の勉強などもします。その時代の文化や人々の意識のあり方をとらえておく。その上でどう表現するか、見識が問われます。

このように、出版物を発行するには責任が伴います。それゆえに、「プロの仕事（出版）に素人（著者）は口を出すな」というのが今までのスタンスです。

でも今は、著者も著者としての権利と責任と義務をしっかり学び、出版事業に参加する時代だと思います。著者が「出版人」としてのリテラシーを身につけることは、著作を社会に発表する文化人、言論人としてのリテラシーを身につけることでもあります。

「著者になるのはそんな大変なことなの？」と臆する必要はありません。著者というものは、そういう立ち位置なのだと意識するだけでも、まずは充分です。

権利には責任が伴います。著者として人々を牽引していくための当たり前のルールを知るということです。

## 一人ひとりが主役の時代

これからの時代は、一人ひとりが主役。誰ひとり「その他大勢」でよい人はいない。この世界に生きている人全員で、新しい価値を作っていく。そんな時だと感じます。

地球規模のチームビルドなんて、人類の歴史からいったら絵空事だと笑われるかもしれません。でも、「社会にはいろいろな価値観の人がいる。それが合う人も合わない人もいるのは当然」「才能が多様だから協力ができて、困難を乗り越えて進化する」という世界になったとしたら。それはとてもよいことなのではないでしょうか。

『シェア〈共有〉からビジネスを生みだす新戦略』（レイチェル・ボッツマン、ルー・ロジャース／NHK出版）という本も注目されたように、世界は、搾取し合う時代から、共有の時代になりました。今は創造の時代です。すべての人が自分の理想に向けて提案し、協力して創造する。

その活動をするのに、本を書き、刊行し、著者になる。これはとても有効な方法なのだと実感しています。

私の知り合いの知り合いに、中国の大富豪がいます。中国語で話をしていますし、話があっちこっちに飛んでいるのでざっくりしかつかめませんが、どうやら彼は定期的にエベレスト登山をしているらしいのです。エベレスト登山といえば費用は相当かかりますし、危険もかなり伴います。

私はこれまでの編集者人生において数多くの経営者の本も作ってきました。その中で、経営者が秘境で登山をするとか、トライアスロンに挑戦しているなど、自分を追い込む体験をしている話はよく耳にします。彼らがそういった挑戦をする理由は、事業家としての体感・体幹を鍛えるためのようです。

人は、そうやって実験・挑戦を繰り返しながら進化していくのだろうと、彼らを見ていて思います。もっと身近な例でいうと、私たちも子どもの頃から幼稚園や公園の砂場でケンカをしたり、仲間と協力したりして人間関係の作り方を学び、いろいろ無茶な遊びをしてケガもする。そんな中で、どこまでなら大丈夫で、どこからが危険かを知っていきます。

事業において、現状維持は衰退を意味します。絶えず前に進もうとするチャレンジマインドがなければ生き残ることはできません。だからといってそれを事業の場で試してみようとするのは、なかなかにリスキーなこと。事業以外のシーンで身につけようとするのは理にかなっています。事業家も日頃の自分はトップにいますが、別のフィールドに行けば初心者になることも。謙虚になれるのかもしれません。

自分の本の刊行にチャレンジすることは、事業家、経営者たちが、登山をしたり、トライアスロンをしたりするのと同様、体感・体幹を鍛えるのに最適なワークだと考えます。

自著を刊行するためには、出版社から依頼があることが前提だと思っている人も多くいます。つまり、「頼まれるから、書く」。その延長で、出版は編集者がどんどん仕事をやってくれるから、自分はそれに乗ればいい、と思っている人も多くいます。自分から出版社や編集者に働きかけをするのは、はしたないという感覚もあるのかもしれません。

しかし、それはとてももったいないこと。せっかくエベレストに登ろうとするのに、ハイテク機械で一挙に頂上に連れて行ってもらおうとするようなもの。体験を十分の一も吸収できません。自分の足で、手で、体で体験するから価値があります。それを充分に体験することこそが、著者になるということです。登山にたとえれば、編集者は一緒に登る仲間です。そして、私のような出版コンサルタントは、シェルパ。山に登る著者を全力でサポートします。経営者が出版することで事業のフェーズは変わります。それは、このような構造があるからだと、多くの経営者を見て実感します。

体験をするから、検証ができて、次の戦略がイメージできる。それが進化につながります。


「真面目に働いていれば、いいことがある」とされた時代は終わったのかもしれません。

この本を書いている2024年は、GDP（国内総生産）で日本がドイツに抜かれて第4位になったと発表された年です。『デンマーク人はなぜ4時に帰っても成果を出せるのか』（針貝有佳／PHP研究所）という本が注目されているのは、私たち日本人が、自分たちの仕事の質について疑問をもち始めたということでしょう。これも、労働環境を整えようという対策ができたから、「労働の質」にようやく注目が集まり始めたということかもしれませんが、２０２３年の労働生産性はＯＥＣＤ加盟38か国中30位。働いているけれど、価値にならない働き方をしてるということです。

日本人は、組織や、権力に搾取されている場合ではなく、一人ひとりが生産性を上げる活動をしていかないと、さらに、日本は貧困な国になってしまうのではないでしょうか。

登山も出版も自分の足で、手で、体で体験するから
価値があるのです。

## わがままなモチベーションが価値を生み出す

同じ仕事であっても、どういう目的があってやっているのか、その目的を達成するために創意工夫をしていくことによって仕事の質が変わってきます。

私はそもそも、「なるべく楽をしたい」という性格です。子どもの頃は、マラソンをする人や登山をする人たちの気持ちがまったく理解できませんでした。なぜ、わざわざ率先してつらいことをやろうとするのか、なぜ危険を冒してまで山に登るのか。「全然理解できない。気が知れない！」とずっと思ってきました。その頃の私は、安全に家で一生好きな本を読み続けていたら満足だと思っていたのです。

ところが、その後、私の人生は、そういうことにはなりません。

楽したい私のはずなのに、結構ハードな仕事の局面に常にいる人生を送ってるように感じます。どうやら、私の「楽したい」は、「楽しみたい」の「楽」であり、楽しむための労力は惜しまない。穏やかで何もないことが「楽」ではないということは、後からわかってきます。

そもそも人間の本能は、「安全なところにいたい」「なるべく楽をしたい」と設定されています。脳は10％しか使われてないと言われるように。また、火事場の馬鹿力という、切羽詰まるとミラクルな能力が発揮できる事例があるように、人間の体は、省力化されています。だから老子は「魚を与えるのではなく、魚の釣り方を教える」と教え、「可愛い子には旅をさせよ」ということわざもあるように、やらなくてよければ、人はやらない。だから、進化する、スキルを上げる、向上するには、負荷が必然。「楽したい本能」対「進化」と「負荷」は、そんな関係性にあると思います。

当時の原始的な私（子どもの私）も、「安全がいいなー」と思っています。一方「新しいことをしたい」「ワクワクするようなことをしたい」という挑戦の気持ちの方は、「安全でいたい」という気持ちより、後から出てきて、しかも、多様です。つまり、人によって、「ワクワクする」ポイントが違うので、見つけにくい。だから、自分の「ワクワク」は育ててあげないと育たない。プラス「危ないことはやっちゃだめ」は、わかりやすいけれど、「やりたいこと」は一見、「わがままなこと」「無駄なこと」に見える。もっというと、危険なことも伴う。さらに、「やってもできない」こともあるのです。だから、「やる理由」より「やらない理由」の方が強いのです。

多くの人を見ていると、大なり小なり、「楽したい」があって、一方、「やりたい」もあ

ります が、「やりたいことをやらない方が、楽」を学習してしまう機会の方が多いのでしょう。

私は、たまたま、人から「なぜ、そんなことをするのか」「やる必要がない」「迷惑だ」ということを言われ続けても、「やりたいことをやらないことの方がストレス」という性質でした。だから、どうやって、周囲を納得させるか、考えました。あきらめることができない。私の「やりたいことしかできない」不器用さの方が強かったのと、他人の批判に鈍感だったので、「やりたいことしかやらないで生きていくにはどうしたらいいか」の企みに集中できたのだと思います。

中学生の頃、私は高校野球の魅力にハマります。スコアブックを書いたり、ひとりで、地方大会を見に行ったりして夢中になりました。

そんなこともあり、私は、甲子園強豪校に進学することになります。入学早々、知り合ったばかりの高校野球フリークの友だちと意気投合し、野球部の女子マネージャーを志願に行くのですが、当時の野球部は女子禁制。憧れの強豪校に入学するも、早くも挫折です。

しかし、ショックを受けた私たちが次にとった行動は、チアリーダー部や吹奏楽部などの応援部隊に加わることではなく、自分たちでソフトボール部を立ち上げることでした。

箱根駅伝に挑戦する大学生を描いた『風が強く吹いている』（三浦しをん／新潮社）と

いう小説を読んだ時、「そうそう、私もまさしくこんな感じだったな」と共感しました。

部員も足りなければ、グラウンドも貸してもらえない。毎日、学校の裏の空き地で練習をしました。ミュージシャン2人、アニメ好きのオタク、ウイットに富んで面白いが絶対にスポーツはしないと断言している女子などを、その友だちとあの手この手で勧誘して集めました。今思えば、みんなよくあんな過酷なスポーツに参加してくれたと思います。顧問の先生がいないとお取りつぶしになるので、ソフトボールとは無縁のきれいな国語の先生を説き伏せて名前だけの顧問になってもらい、部室もない同好会からスタート。部に昇格させ、ついには野球部の監督やOBたちからも応援されるようになります。さらにその後、私の息子が別の甲子園強豪校に進むことになったきっかけに、私の母校のOBが登場する…というようなご縁が続きました。

高校卒業後の進路を考える頃になると、同級生に「うちは貧乏だから進学はあきらめる」と言い出す子が現れます。青い私は、「なんでそれが理由になるか」と勝手に憤慨し、自分も親に学費をお願いする余裕を感じなかったため、「家庭の経済理由で、進学できない状況に屈したくない!」と、新聞奨学生の手段を使って進学します。

さらに、「真の自由は独立だ!」と、その後出会った男性と21歳で結婚し、23歳で第一子を出産します。なんのキャリアもないうちに母親になり、スーパーの品出しパートなどをしているうちに地域のタウン誌の記者となり、いつの間にか編集者になりました。

それからも、アート本のシリーズを立ち上げたり、事業部を作ったり。独立前に在籍していた出版社でも、ビジネス書のシリーズを立ち上げるなど、落ち着く時期なく、いろいろ忙しい日々を過ごしました。

決して私はさまざまな紆余曲折に巻き込まれたいと思っているわけではありません。ただ、好きなことをしたい、理想の生き方をしたいと思うと、結果的にいろいろ事件が起こってくるのです。

「城村はチャレンジャーだ」とか「勇気があるね」と言われることもありますが、本来の私にはまったくそんな自覚がありません。怖がりです。ただ、いつもリスクよりやりたい気持ちが上回って行動し、その結果発生した事態に対処するうちに前進しているような状況です。思慮深くないので、やり始めてから途中でこれは大変だなあと思い至り、仕方なくスキルや体力や根性を身につけて、やり遂げる…。そんなことの繰り返しをしてきました。

ですから、私には登山をして自分を鍛えようとチャレンジを続ける事業家のような崇高な精神や、進化や成長の意識があるわけではありません。わがままを通すために大義名分を見つけ、環境を分析し、構造を理解し、誰をどう説得したら自分の欲望を達成できるかを常に考えているのと、根は怖がりなくせに、判断をする時には高所平気症的な感覚が優先してしまって物事が進んでいるのです。時には、「私ったら、またやっちゃったよ！」と後始末をしている自分が、物事をスタートさせてしまった自分を責めたり恨んだりすることもありますが、結果的には、そうやって仕掛けることで前に進んでいるのでよしとしています。

私は、自分を動かす鍵は、「自分の『やりたい』をいかに解放してあげられるか」ということだと確信しています。それが強いモチベーションにつながります。

私の「わがまま」は「向上することをやめたくない」という欲望が源泉なのです。

## 出版とは、才能を社会的価値にすること

書籍編集者とは、著者のもつ価値を、出版社のもつビジネスモデルを使って、「本」という形で表現し流通させる仕事です。別の言い方をすると、「著者のもつ個性（才能）を、出版（書籍）のフォーマットに乗せて、社会的価値のあるものにする」仕事です。社会的価値にするためには、著者のもっている経験・ノウハウ・知見・価値観（思想）・ビジョン（理想）をわかりやすくまとめて、（人が読んでためになる）原稿――文字や図・絵・写真―

—にして表現する。そして流通に乗せる（社会とつなげる）ことです。
繰り返しますが、私は、すべての人に才能があるのに、それが価値化されてないのはもったいないと感じています。でも、多くの人は自分の才能に気づいていません。才能は「個性」の形で表出することが多いので、むしろ「ダメなこと」としてつぶされてしまうことも多い。これは、社会の損失、引いては世界の損失ではないかと、いたたまれなくなるのです。

自分の才能を信じてほしいのです。これは、日本国憲法で「幸福の権利」を保障されているように、人として生きる上の「義務」ではないかとさえ思います。「私なんて」とか「私はそれほどでもありません」という謙虚さは、技やマナーとして戦略的に使うのはよいですが、そうでなく使う「私なんて」という言葉は、人としてルール違反じゃないかとさえ思います。
心情的に「私なんて」と言いたくなる気持ちはわかります。社会構造上、ヒエラルキーがあると都合のいい人や、搾取する人、される人がいる方が都合のいい人などがいるからです。でも、そんな状況を含んだ上で、したたかに生きませんか？　と言いたい。

「出版をする」ことは、人によってその冒険具合や、そこから受け取る体験の大きさ、感動、効果などが違うと思いますが、私は、エベレスト登山級のチャレンジに匹敵すると思っています。しかも、命の危険も少ないし、社会につながる度合いもとても大きい。ぜひ、チャレンジしてほしい素晴らしい経験です。

その経験を受け取るためには、3つのコツがあります。

**1　スタートは気軽にすること**

**2　続けること**

**3　困難にぶつかった時に、きちんと自分と向き合うこと**

ひとつずつ説明していきましょう。

### 1　スタートは気軽にすること

これまで、ハードルが高い話も散々してきました。でも、だからこそ、気負いすぎずに、憧れや夢を描いて、ワクワクしてスタートしてほしいと思います。何しろ、これからの工程は長いし、時に厳しい道もあります。スタートすることにまったくリスクはありません。先にも書いたように、スタートは早ければ早いほどよい。進めば進むほど、チャンスが近づくし、チャンスの頻度も上がります。編集者から書籍の執筆依頼が来たときに、準備ができていない、期待に応えられない、不本意な出版になってしまうのはもったいない。

## 2　続けること

早くスタートしたら、いつでも休憩できます。休憩したからといって、後ろには戻りません。進んだ分だけ前に行く。工程を楽しむ。休憩を挟んでもいいから継続することが重要です。進んだ分だけ前に進んでいることを信じてください。壁は、必ずあります。壁に当たったら、乗り越えるのか、穴を開けるのか、避けるのか、創意工夫をすればいいだけです。その対策が自分のスキルになります。

## 3　困難にぶつかった時に、きちんと自分と向き合うこと

結果とは、自分がやったことで引き起こされた現象です。そのフィードバックを次の行動指針にすることを繰り返して進化するのです。

自分を整理する、切り口を決める。表現戦略を決める。編集者と討議する。原稿を書く、制作する。できた本を広める。これが著者になる型（フォーム）です。

著者活動は、これを、自分の成長戦略に合わせて続けることです。

こういった、商業出版をするためのフォームは、自己実現を成す際に、大変活用しやすいフォームです。出版を目指していたら自己実現もできいる。

このようなフォームがないまま、自己実現を考えると指針を迷う人も多い。「自著を出版する」というフラッグを軸に戦略を立てると、著者自身の成長、自己実現戦略と相乗効果が現れ、大きく飛躍します。

世界が大きく変わっている今。人類は、その世界を形成する一人ひとりが作るフェーズに入っていると感じます。

「著者になる」ことは、社会に向かって自分の名前でコンセプトを表現し、未来を作ることです。日頃から常に自分が社会貢献できることの概念をまとめておく。依頼があったら即座にその機会を利用できるようにしておく。また、自分から活動して、出版依頼をもらえるように働きかけたり、仕掛けておいたりすることも準備しておくべきことのひとつかと思います。

「本を出す」ことに取り組むのは、自分の才能を拡張する、社会に貢献することだ。そんな意識でスタートさせることです。

こんなことを言っている私は、みんながそんな風に生きてくれるとさらに楽しくなるなあ、面白い本が増えるなあと思っています。結局は自分のわがままなのですが。

# エピローグ

## 出版する人を幸せにしたい

私は、30年以上書籍編集者として仕事をしてきました。本の力を信じています。本が読者にもたらす力。社会に希望をもたらす力。そして、「本を書く人」も進化させ、幸せにする力を信じています。

私たちは、私たちの先祖が残してくれたたくさんの知恵で今の文明を発展させ、開発をしてきました。今、その知恵を使って、問題を解決する時です。

日本では、高齢化社会、人口減少、経済力の低下、メンタル疾患の増加などの先行き不透明な未来を感じている人も多いと思います。世界的に見ても、ディープフェイク、地球温暖化、国際間紛争など大きな変化のただ中。

課題だらけだけど、だからこそ、「力を合わせて解決しよう」という時なのではないでしょうか。

人と人は、ただ知恵と知識があって寄り集まっても、問題を解決できません。意志があって、思いがあって、リーダーシップがあるからつながります。

「本を出す」というのは、「私はこの分野で社会をよくできますよ」と、声を上げることなのだと思います。理想論と言われるかもしれませんが。

「本を出す」のは一筋縄では行きません。しかし何冊も本を書いて、ベストセラーを出している著者にも、デビュー前はあります。最初から、ベテランの著者であった訳ではありません。どうやって本を出すのか、研究し、勉強し、実践し、その積み重ねで継続し、売れっ子の著者になっていきます。

売れっ子の著者、成功している著者で、努力をしていない人を見たことがありません。

本を出したいと思っている人に、「自分が本を出していいのか」「出せるのか」などとたくさんの心配もハードルもあることも知っています。

でも、少しずつでも、「本を出す」ことに向かい、一人ひとり、自分のペースは違うけれど、前に進む努力をしている人たちが、本を出す前から、人生が豊かになり、本の出版でさらに進化して、眩しく変わってく姿を何百と見てきました。

そういう私は、自分の単著はこれが初めてです。

「本を出す人」を励ましているばかりでなく、自分も本を書きなさい。そう、自分に指示を出し、書いて、刊行させていただきました。本を書くと決めてから、6年経ちました。自分で自分を企画編集できません。未熟なくせに、変なこだわりだけはあります。だから、今回の出版は、ついてくれた編集者さん、スタッフ、多くの人に多大な迷惑（笑）をかけながら、自分のこだわりを貫きながら、蛇行しながら作るという、荒っぽい制作の方法を取らせてもらいました。

本文でも書いたように、そもそもここに至るまで、人生の中で、多くの人の「城村だから仕方がない」の寛容な目で包んでくださったご加護がありました。そうして今の私があります。

部署の立ち上げ、シリーズの立ち上げ、事業開発のみならず、勤めていた出版社の倒産、譲渡、などなど、いろいろな出来事がありました。私の性質もその渦に起因していたことは本文にも書いたように事実でしょう。家族、スタッフはもちろん、恩師、友人、知人、多くの方にお世話になり、助けてもらいました。

そして関係者の皆様、出版の神様にもたくさん救っていただきました。大感謝です。

こんなに、ご迷惑をかけたり、応援もたくさんもらってしまって、どうしたものでしょう。でも、だから、私は、これからも「出版する人を幸せにする」活動をしないといけません。私のできる社会貢献をして、恩返しをしていかなければ、と痛感しています。

こんな具合に、新しいことをしていけば、していくほど、恩返しの借金がまた増えます。一生を感謝と恩返しに、あと100年生きても足りないかもしれません。


「死んだら星になる」。昔話の中でも出てくるフレーズです。

138億年前に生まれた宇宙。その宇宙の中の物質が、実は、この地球の近くも、何億光年も離れた場所でも、ほぼ均一であることがわかっています。超新星爆発や、ブラックホールの周りのガスの噴出などで、宇宙空間はかき混ぜられていて、均一化されているのだそうです。そしてその物質構成は、私たちの体の物資構成とも似た構成になっている。

そんなことは、今の時代に研究が進んで初めてわかったことだけれど、昔の人は、感覚的に「死んだら星になる」ということを知っていたわけです。

私たちは、もともと自分は何者なのか知っている、知っていたのかもしれません。生まれたばかりの赤ちゃんは、生きるために必死に泣きます。成長するにつれて、社会の中で生きていくために、ルールを覚えたり、何をしたら失敗する、何をしたら叱られるかも覚えて、集団で生きていく上での術を身につけます。その過程で、自分が何者かということを忘れてしまいがちです。よほど、個性（才能）が抑制できないほど大きいか、大きな出来事に出会うか、あるいはわずかな個性（才能）でも、しっかり見つけて大事に育ててあげるかをしない限り、難しそうです。

だから、「本を出したい」と思ってくれているみなさんは、しっかり自分を応援してあげてほしいのです。私も応援しています。そして自己実現と社会貢献をしてください。

最後までお読みいただき、ありがとうございました。本を通じて、本を書く人を中心に、本にまつわるすべての人が幸せであるよう祈念し、行動します。

今の私を育ててくださった著者の先生方。樺沢紫苑氏、田口智隆氏、後藤勇人氏、大須賀祐氏、吉江勝氏。心よりお礼を申し上げます。

城村典子

## 著者プロフィール

**城村典子**（じょうむらふみこ）

書籍編集者／出版コンサルタント
青山学院大学非常勤講師（出版ジャーナリズム）
株式会社Ｊディスカヴァー代表

30年以上にわたり、出版社に勤務し、編集者を経験する。

ビジネス書をはじめとした複数シリーズを立ち上げ編集長業務などを行う。

2012年独立。

2014年、出版エージェント会社、(株)J.Discoverを設立。

2015年、学研アクセラレーター2016(ベンチャー企業育成プログラム)で「著者育成」を評価され優秀賞を受賞。

2022年、これまでのノウハウを体系化した「出版アドベンチャー」(商業出版実現プログラム)をスタート

J.Discover HP
https://www.agent.jdiscover.jp/

エッセイ塾　ふみサロ塾長
えほんのがっこう　主催・講師
出版ヨミトク研究所　所長

出版社の方へ
「忙しい編集者さん応援します！」
https://www.agent.jdiscover.jp/publisher

撮影／平原司
ヘアメイク／よしだえりか
スタイリング・コーディネイト／森美和子

## 読者限定無料特典

本書の内容をより深く理解していただくために
3つの読者プレゼントを用意しました。

**特典1**　出版を成功させるビジネスモデル解説10分（動画）

**特典2**　著者必見！ 編集者あるある対応集（PDF）

**特典3**　解説付き 城村版出版企画書テンプレート（PDF）

以下のQRコードより
「あなたの出版が確実に成功する方法」7日間集中講座
にご登録いただいた方全員にプレゼント！

企画協力／J ディスカヴァー
編集／田中むつみ　編集協力／楠本知子
ブックデザイン／池田麻理子
カット／洪十六（カバー）・Aurora（表 4）・もりえる（本文）

kindness
熱い実用評論シリーズ

# 本《ほん》を出《だ》そう、本《ほん》を出《だ》そう、出《だ》したらどうなった？

2024 年 7 月 10 日　初版第 1 刷
2024 年 7 月 20 日　初版第 2 刷

著　者／城村典子《じょうむらふみこ》
発行人／松崎義行
発　行／みらいパブリッシング
〒 166-0003 東京都杉並区高円寺南 4-26-12 福丸ビル 6F
TEL 03-5913-8611　FAX 03-5913-8011
https://miraipub.jp　E-mail: info@miraipub.jp
発　売／星雲社（共同出版社・流通責任出版社）
〒 112-0005 東京都文京区水道 1-3-30
TEL 03-3868-3275　FAX 03-3868-6588
印刷・製本／株式会社上野印刷所

ISBN978-4-434-34120-5 C0095